AF314627

SAINT TAURIN

PREMIER ÉVÊQUE D'ÉVREUX

Au premier siècle

SAINT TAURIN

PREMIER ÉVÊQUE D'ÉVREUX

Au premier siècle

NOUVELLES RECHERCHES

CRITIQUES ET HISTORIQUES

PAR

M. L'Abbé DO

CHANOINE DE BAYEUX

MEMBRE DE LA SOCIÉTÉ DES ANTIQUAIRES DE NORMANDIE

CAEN

IMPRIMERIE HENRI DELESQUES

Successeur de F. Le Blanc-Hardel

RUE FROIDE, 2 ET 4

1887

SAINT TAURIN

PREMIER ÉVÊQUE D'ÉVREUX

Au premier siècle

Il est peu de légendes aussi diffamées que celle de saint Taurin, premier évêque d'Évreux, qu'ont publiée les Bollandistes et qui fut écrite, suivant eux, sous le faux nom d'Adéodat. Ces actes, et les abrégés qu'en ont donnés Vincent de Beauvais, saint Antonin de Florence, Mombritius et Pierre *de Natalibus*, sont accusés de nombreuses et grossières erreurs par la critique moderne.

Voici le jugement porté par Dubosquet : « Dans ces actes, tout est tellement confus, qu'on y aperçoit point une lueur de vérité. »

« Il n'y a aucun moyen, dit pareillement Tillemont, qu'une pièce telle que celle-là, mêlée ou plutôt toute composée d'événements qui ont toute l'apparence d'être fabuleux, soit une pièce originale d'un prêtre du second siècle. »

« Tous ceux qui ont fait des abrégés ou des copies de cet écrit (du faux Adéodat) l'ont sans doute cru sincère ; mais Dubosquet, Tillemont et plusieurs autres le rejettent comme fabuleux, et vraiment il présente des défauts trop grossiers pour pouvoir être défendu ou mériter quelque confiance historique auprès des hommes de bon sens. » Ainsi parlent les Bollandistes.

Le Brasseur, auteur de l'*Histoire civile et ecclésiastique du comté d'Évreux*, tient le même langage : « Bien loin que cet ouvrage soit un monument original d'un prêtre des premiers siècles, non seulement il n'a pas la candeur et la simplicité de ces heureux temps, mais, au contraire, il est tellement mêlé d'événements extraordinaires et faux qu'il ressemble plus à une fable qu'à une histoire sérieuse. Ce qui fait que les critiques les plus habiles et les plus modérés le jugent supposé et le regardent comme l'ouvrage d'un imposteur. »

Enfin, écoutons comme parle un de nos contemporains, M. Aug. Le Prévost, dans son *Mémoire sur la châsse de saint Taurin* : « Il existe une légende assez étendue sur les circonstances de sa vie et de son apostolat ; mais cette légende est si visiblement apocryphe qu'elle ne peut inspirer aucune confiance. Aussi les Bollandistes, en l'insérant dans leur précieuse collection, ont-ils signalé avec leur loyauté accoutumée la plupart des anachronismes et autres signes d'imposture dont elle fourmille. »

Assurément, je n'entreprends pas de m'élever contre le jugement porté par ces savants. Mais, sauf le respect qui leur est dû, est-il impossible que ces actes, justement réprouvés par la critique, soient, comme il est souvent arrivé, une falsification d'actes authentiques de saint Taurin, écrits, dans la première moitié du second siècle, par un prêtre, son disciple, portant véritablement le nom de Déodat ou Adéodat ? Est-il absolument impossible de trouver, à défaut des actes authentiques, peut-être aujourd'hui perdus, peut-être aussi enfouis dans les bibliothèques de la haute Italie, un équivalent, je veux dire un abrégé fidèle, qui les remplace ?

Je crois, s'il m'est permis d'exprimer ici mon sentiment, avoir des raisons de répondre négativement.

Je comprends que Dubosquet et Tillemont, convaincus que les actes du faux Adéodat sont, comme a dit ce dernier, « une pièce ou tout à fait originale ou entièrement supposée » ; ne connaissant d'ailleurs aucun critérium pour démêler ce qui pourrait y être vrai, ne sont guère à blâmer d'avoir porté le jugement sévère que nous avons dit.

Mais on peut, ce semble, s'étonner que les Bollandistes, Le Brasseur et M. Aug. Le Prévost.

qui avaient entre les mains les actes de saint Taurin, écrits au XIIe siècle, par Ordéric Vital, moine de Saint-Évroult, n'aient pas pensé à comparer cette pièce avec les actes du faux Adéodat, publiés par les Bollandistes.

Ils auraient pu voir, d'une part, que les deux récits se ressemblent quant au fond, quant à la suite de la narration, quant à certaines expressions et même à certaines phrases, et qu'ils ont dû avoir été composés d'après un même prototype.

Ils auraient, d'une autre part, remarqué que ces deux récits diffèrent essentiellement en ce qu'on ne voit nullement, dans la pièce d'Ordéric Vital, les anachronismes, la confusion, le faux merveilleux, qui sautent aux yeux dans celle du faux Adéodat, et que les faits extraordinaires qu'elle renferme n'ont rien qui ne s'explique facilement par les circonstances du temps et des lieux où vécut saint Taurin.

D'où ils auraient facilement conclu qu'il a existé primitivement de vrais actes de saint Taurin, écrits par un prêtre nommé Adéodat, disciple du saint évêque et témoin oculaire de ce qu'il rapporte ; que, si ces actes primitifs sont aujourd'hui perdus, il en existait encore une copie authentique à l'époque d'Ordéric Vital, d'après laquelle il a composé la vie de saint Taurin, qu'on lit dans la seconde partie, livre V, chapitre VII, de son *Histoire ecclésiastique de la Normandie* (voir cette vie *in extenso* à l'appendice).

Le monastère de Saint-Évroult, où écrivait Ordéric Vital, au XII° siècle, avait été, comme on sait, fondé vers l'an 556, dans la forêt d'Ouche (*Uticum*), diocèse de Lisieux, précisément sur la limite qui séparait ce diocèse de celui d'Évreux. On comprend combien saint Évroult put attacher d'intérêt à se procurer la vie du saint fondateur d'un diocèse aussi voisin.

De plus, saint Taurin avait, si l'on en croit la tradition, prêché le nom de Jésus-Christ dans le pays Lieuvin, où deux paroisses (Thiberville et Englesqueville, dans le doyenné de Touques) étaient sous son invocation. Le titre d'une très ancienne chapelle de la cathédrale de Lisieux était sous son nom. Enfin, on célébrait sa fête, à Lisieux, le 11 août, comme le marque le bréviaire manuscrit de Lisieux, conservé à la bibliothèque publique de la ville de Caen. Le monastère de Saint-Évroult avait donc pu, de bonne heure, posséder les actes authentiques de saint Taurin par le prêtre Adéodat, et les conserver intacts jusqu'au XII° siècle, où le vieil historien de la Normandie les employa dans son histoire. On ne s'étonnera pas que ces actes existassent encore au temps d'Ordéric, si l'on fait attention que tous les manuscrits, quoi qu'on en dise et qu'on affecte de le répéter, n'avaient pas péri par le malheur des temps, et qu'il nous apprend lui-même qu'il avait à sa disposition plus ou moins de vies de saints contemporains des empereurs Adrien et Antonin le Pieux : « *In plurimis gestis sanctorum illius temporis* (Ælii Adriani et Antonii Pii) *liquido patescit, etc.* (part. II, lib. V, c. VII).

I.

Dans la vie de saint Taurin, par Ordéric Vital, on ne trouve aucun des anachronismes dont fourmillent les faux actes publiés par les Bollandistes.

Ces actes, au nº 1, montrent Tarquin, père de saint Taurin, persécutant les chrétiens sous Domitien, avant que son fils fût né. Ils ne font donc pas naître saint Taurin avant l'an 93, que commença la seconde persécution sous Domitien.

Mais, au nº 3, ils font ainsi parler saint Denys l'aréopagite à saint Taurin : « Voici que j'ai quatre-vingt-dix ans et vous quarante. » Donc, ces faux actes font saint Denys nonagénaire vers l'an 133 (quarante ans après la prétendue naissance de saint Taurin), de façon que saint Denys serait né l'an 43 de l'ère chrétienne, c'est-à-dire longtemps après la mort de Jésus-Christ.

Puis ils disent le contraire, lorsqu'ils attribuent au même saint Denys d'avoir vu l'éclipse qui signala cette mort.

D'une autre part, les mêmes faux actes, après avoir placé la naissance de saint Taurin vers l'an 93, le font si vieux que le préfet (aux nᵒˢ 9 et 11), qui l'avait cité à son tribunal, le traite de vieille tête à cheveux blancs, *inveterata canities... veternosa canities*, et cela longtemps avant sa mort, qu'ils placent (n° 13) avant qu'ils eût appris le martyre du pape Sixte Ier, c'est-à-dire vers l'an 126, où saint Taurin, s'il était né vers l'an 93, aurait à peine eu trente-trois ans.

Voyons maintenant comment sur tout cela s'exprime Ordéric Vital :

« A l'époque où saint Mellon vint fonder le siège épiscopal de Rouen, les habitans d'Évreux possédaient déjà la foi. Le bienheureux Taurin avait laissé Tarquin, son père, citoyen romain, Euticie, sa pieuse mère, sa famille et ses amis. Par l'ordre de saint Clément, pape, il s'était exilé dès sa tendre jeunesse pour venir dans les Gaules avec saint Denys l'Ionien. Au cours de la seconde persécution, sous Domitien, Denys, évêque de Paris, que nous venons de nommer, sacra évêque Taurin, son bien-aimé fils, et l'envoya à Évreux, âgé de quarante ans. »

« *Prisca gentilitas, obiter martyrisato prædicatore (Nicasio), Rotomagum diù possedit..... usque ad Sanctum Mellonem Archiepiscopum. Eo tempore fides Christi Ebroas urbem possidebat. Nam illuc Beatus Taurinus a Dionysio Machario directus fuerat. Romanum Tarquinium patrem suum, Euticiamque matrem piissimam, cum aliis amicis et cognatis Romæ reliquerat, et jussu Clementis papæ cum Dionysio Ionico Gallias tenellus exul penetrarat. Grassante nimium secunda per-*

secutione, sub Domitiano, prædictus Dionysius Parisiensis Episcopus Taurinum filiolum suum jam quadragenarium *præsulem ordinavit et Ebroicensibus direxit* » (Order. Vitalis, *Historiæ Ecclesiasticæ*, part. II, lib. V, c. vii).

Tel est le récit d'Ordéric Vital : on n'y voit point que Tarquin, père de saint Taurin, persécutât les chrétiens sous Domitien, avant la naissance de son fils, ni que saint Taurin soit né en 93.

Ordéric ne fait pas dire à saint Denys qu'il avait quatre-vingt-dix ans, mais dit seulement que saint Taurin en avait quarante lorsque saint Denys l'ordonna évêque d'Évreux, durant la persécution de Domitien (93-95).

Il ne résulte donc point que, selon Ordéric Vital, saint Denys aurait été nonagénaire vers l'année 133, ni que saint Denys serait né en 43, dix ans après la mort de Jésus-Christ, et que, néanmoins, il vit l'éclipse qui la signala.

Voici la vraie chronologie, suivant Ordéric :

Saint Taurin avait quarante ans quand il fut sacré évêque, vers l'an 93 ; donc, il naquit vers l'an 53 de Jésus-Christ et non en 93. Donc, il pouvait être âgé de seize ou dix-sept ans, lorsque, tout jeune (*tenellus*), il quitta son pays, sa famille, pour suivre saint Denys dans les Gaules ; donc, ils purent arriver à Paris vers l'an 70, après la chute de l'*empire gaulois ;* donc, il était possible, quoique Ordéric Vital ne l'ait pas marqué textuellement, que, suivant la vraie légende qu'Ordéric avait sous les yeux, le préfet d'Évreux, Licinius, ait, par mépris, appelé saint Taurin *inveterata Canities, Canities veternosa*, plus ou moins de temps avant la mort du saint évêque, qu'Ordéric paraît placer vers l'an 126. Il ne serait pas étonnant que vers l'âge de soixante-treize ans, après cinquante-six ans de vie apostolique, et trente-trois d'épiscopat, la chevelure du saint évêque fût devenue blanche.

On remarquera que, dans le texte que nous venons de citer, Ordéric Vital donne au premier évêque de Paris, qui sacra saint Taurin évêque d'Évreux, seulement le nom de Denys l'*Ionien*, au lieu que les actes du faux Adéodat l'appellent Denys l'*Aréopagite*.

J'avoue que j'aimerais, pour l'honneur de la France et de la ville de Paris, à pouvoir affirmer que le premier évêque de cette ville fut le grand aréopagite, si célèbre par les écrits qu'il nous a laissés, par sa qualité de disciple et ami de saint Paul, et dont le nom est immortalisé, avec celui du grand apôtre, dans un de nos livres saints.

Mais il est impossible, même sans invoquer les arguments qu'on fait valoir contre l'aréopagitisme de saint Denys, de ne pas douter beaucoup de la vérité de cette opinion, quand on n'en trouve pas la moindre trace dans un écrit du second siècle, qui cite le nom de saint Denys. Le fameux aréopagite, premier évêque d'Athènes, ne pouvait être entièrement oublié à l'époque où Adéodat écrivit les actes du premier évêque d'Évreux. Sans aucun doute, cet écrivain n'aurait pas manqué de le rappeler, pour l'honneur de saint Denys et pour celui de saint Taurin, si celui-ci avait été sacré par l'Aréopagite. Ordéric Vital n'avait donc pas lu ce nom dans l'original.

Qu'on remarque bien, d'un autre côté, que l'aréopagitisme était florissant au XIIe siècle, quand Ordéric écrivit la vie de saint Taurin, et il ne lui serait jamais venu à la pensée de substituer à ce nom celui d'*Ionien,* pris dans le sens d'*Athénien.* C'eût été jeter à plaisir de l'obscurité sur son récit, sous prétexte que seize cents ans auparavant l'Attique s'appelait *Ionie ;* ce mot, au second siècle de l'ère chrétienne, était totalement inusité *en ce sens.* D'ailleurs, le vieil auteur de l'*Histoire ecclésiastique de Normandie* avait eu trois fois occasion précédemment de parler du disciple de saint Paul, et trois fois il lui avait donné son nom d'Aréopagite. Si donc il appelle ici saint Denys, premier évêque de Paris, le bienheureux Denys l'*Ionien,* c'est parce qu'il voyait ce nom écrit dans les actes du véritable Adéodat. C'est que saint Denys de Paris venait de l'Ionie ; qu'étant évêque d'une des douze villes de cette partie de l'Asie mineure, il avait été obligé, pour fuir la persécution, de se réfugier auprès de saint Clément, qui, un peu plus tard, l'envoya dans les Gaules.

Voici beaucoup d'autres anachronismes reprochés par les Bollandistes à leur fausse légende :

« Déodat feint d'avoir vécu dans les Gaules, c'est-à-dire sous la domination des empereurs romains ; et cependant, au n° 1, il fait un *roi* de l'empereur Domitien.

« Déodat feint d'avoir été payen jusqu'à la venue de saint Taurin ; néanmoins, au n° 6, il fait de Diane la *femme* et en même temps la *sœur* de Jupiter.

« Il feint d'avoir écrit au second siècle ; cependant, dans le prologue, il connaît les *Ebroicenses* ; au n° 3, *Ebroicam civitatem* ; au n° 4, *Ebroicas* ; au n° 3, il appelle un idolâtre *paganum*, Lutèce *Parisium* ; il dit *Cameraca civitas*, autant de mots inusités, inouis durant les trois premiers siècles. Elles sont aussi plus récentes ces façons de parler : *senior* pour seigneur et maître ; *filiolus* pour filleul (n°ˢ 12 et 13). »

Mais, comme il est facile de voir, dans la vie de saint Taurin, abrégée par Ordéric Vital :

1° Le titre de roi n'est point du tout donné à Domitien. Ce mot n'y est employé qu'une seule fois, et c'est pour dire qu'au temps de notre saint, il n'y avait plus de *rois* dans la Gaule, et que, depuis Jules César, l'empereur des Romains gouvernait les Gaulois par ses lieutenants ;

2° Il n'est aucunement question de Diane,

femme et *sœur* de Jupiter (nous ne disons ici rien de plus ; nous nous réservons de revenir bientôt sur ce point) ;

3° On n'y voit pas plus ces expressions *Ebroicenses, Ebroicam, civitatem, Ebroicas.* Évreux y est nommé *Ebroæ,* qui était, sans doute, dans le langage usuel des habitants d'Évreux, une corruption du nom primitif *Eburovicæ ;* on avait fait de celui-ci *Ebroicæ,* puis *Ebroæ,* d'où est venu finalement le mot *Évreux.* C'est ainsi que, par syncope, on dit *amastis* pour amavistis, *implessem* pour implevissem. Il était dans le génie des Gaulois, comme des Romains, de contracter ainsi certaines voyelles et même certaines syllabes ;

4° Ordéric Vital ne parle ni de *Cameraca,* ni de saint Géry (*Gaugericus*), évêque de Cambray au VI° siècle, que la légende des Bollandistes donne pour frère à saint Taurin et fait sacrer, avant lui, évêque par saint Denys : *Ut cognovit Dionysius cum hoste rapido se habere conflictum, ordinavit Taurinum Ebroicæ civitatis episcopum. Jam enim ordinaverat in civitate Cameraca Germanum ejus Gaugericum.* Le Père Halloix assure que, après un sérieux examen, il n'a pas trouvé ce détail dans les plus anciens manuscrits. « Le « martyrologe de Florus, qui est du VIII° au « IX° siècle au plus tard, joint à saint Géry un « saint Taurin *qu'il dit son frère,* sans lui attri- « buer d'autre qualité. Un copiste, ne connais-

« sant point d'autre saint de ce nom que celui
« d'Évreux, aura pu croire », remarque Trigan
dans son *Histoire de l'Église de Normandie,* « avoir
« fait une découverte sur la fraternité de ces
« deux saints , et, peu chronologiste sur leur
« histoire, aura inséré la mémoire de saint Géry
« dans quelque manuscrit des actes de notre
« saint Taurin ; le peu qu'il en dit montre assez
« qu'il l'aura tiré de quelque ouvrage de cette
« nature. » Ce sentiment de notre historien nor-
mand paraît assez probable, selon nous.

5° Ordéric ne dit nulle part, dans sa vie de
saint Taurin, *Parisium,* pour signifier la ville de
Paris ; seulement il qualifie saint Denys *Episcopus
Parisiensis.* Mais Jules César, dans ses *Commen-
taires,* nomme les *Parisii. Parisiensis* put facilement être de bonne heure une dérivation de ce
mot, aussi bien que *Parisiacus,* qu'on lit formellement sur l'inscription des Nautes Parisiens,
datée du règne de l'empereur Tibère (voir l'*Histoire de l'abbaye de Saint-Denys*). On trouve, dans
les auteurs latins de la meilleure époque, *Massi-
liensis, Atheniensis, Megariensis,* etc. (voir Pom-
ponius Méla et autres) ; on pouvait très bien
dire pareillement *Parisiensis* au commencement
du second siècle ;

6° Ordéric Vital n'appelle *Paganum* aucun idolâtre ; seulement, parlant de la population païenne
de la ville d'Évreux, il l'appelle *Ethnica* plebs,
ce qui est d'une latinité parfaitement correcte ;

7° Le mot *senior* ne paraît nulle part dans la légende d'Ordéric Vital ;

8° *Filiolus* y est employé deux fois : 1° dans cette phrase : « *Dionysius Episcopus Parisiensis Taurinum filiolum suum ordinavit præsulem* », etc. ; 2° dans cette autre, où le saint parle aux habitants d'Évreux : « *Filioli mei, quid facitis ? nolite timere.* Ordéric l'avait sans doute lu dans les actes primitifs du saint évêque. Mais *Filiolus* n'y est pas pris dans le sens de *filleul*, comme l'ont entendu mal à propos les Bollandistes. Ce fut, d'après leur légende, saint Clément lui-même qui leva le jeune Taurin des fonts du baptême : *Beatus Clemens ipse eum (Taurinum) de sacris fontibus sustulit.* Il y est dit aussi formellement qu'il avait été nommé *Taurin* par ses parents : « *Taurinus a parentibus vocatur.* » Saint Denys ne fut donc à aucun titre le parrain de saint Taurin. S'il l'appelle *filiolum suum*, c'est pour marquer qu'il l'avait élevé dans la vie chrétienne et apostolique avec la tendresse d'une mère pour son petit enfant. Le mot *filiolus* a été employé dans ce sens par Cicéron et figure quatre fois dans la première épître de saint Jean : *Filioli, hæc scribo vobis*, etc.

Peut-être semblerait-il étrange que, dans le récit d'Ordéric Vital, on voie saint Taurin, au commencement du second siècle, *consacrer des églises, ordonner canoniquement des clercs, établir l'hospitalité.* Mais, « même au temps

« des persécutions, dit l'abbé Martigny *(Dic-*
« *tionn. des Antiquités chrétiennes)*, il exista
« des églises où les fidèles se réunissaient
« dans les intervalles de paix. » Leur date
historique la plus ancienne remonte au règne
d'Alexandre Sévère (222-235). Mais, longtemps
avant cette époque, rien ne dut empêcher saint
Taurin, soit de consacrer des églises dans des
maisons particulières, soit même d'en construire
dans cette partie de la Gaule où n'avait pas encore sévi la persécution. Les Canons apostoliques
furent censurés par le pape Gélase, en 494 ; mais
les cinquante premiers, loin de renfermer rien
de blâmable, réglaient ce qui concernait l'ordi-
nation et les mœurs des clercs. Ils furent traduits,
au VIe siècle, par Denys Le Petit, et furent reçus
avec applaudissement par l'Église romaine, dit
encore l'abbé Martigny *(ibid.)*. Enfin, saint Taurin,
en établissant partout l'hospitalité, ne faisait que
ce que saint Paul avait recommandé aux premiers
chrétiens : *hospitalitatem sectantes* (Rom. 12, 13),
hospitalitatem nolite oblivisci (Heb. 13, 2). Ces
expressions : *Ecclesias Christo consecrare, canonice ordinare, hospitalitatem in omnibus constituere*, ne présentent donc rien qu'on puisse
taxer d'anachronisme au premier siècle.

Jusqu'ici, nous n'avons vu nulle apparence
d'anachronisme dans la vie de saint Taurin, par
Ordéric Vital.

II.

Voyons maintenant si l'on y trouve quelque contradiction.

Les Bollandistes avaient ainsi formulé le premier grief qu'ils reprochent à leurs faux actes :

« Dans le prologue, l'auteur marque clairement que, avant cette vie (de saint Taurin), aucune autre n'avait été écrite ; il avertit, en effet, qu'il écrit celle-ci afin que la postérité, dans les siècles futurs, puisse savoir, comme le savent les contemporains, *qualis et quantus fuerit Taurinus*. On voit que la mémoire récente est uniquement assignée aux contemporains et que cette relation seule est préparée pour la postérité. »

Or, dans la vie (n⁰ˢ 12 et 13), il affirme formellement le contraire : « Moi, Déodat, son cher fils, dit-il, j'avais déjà publié un petit livre sur ses saintes et bonnes œuvres et sur les livres qu'il avait expliqués ; car il fut un admirable docteur. » Et qu'on ne croie pas que ce *petit livre* fût perdu avant que cette relation fût écrite. Écoutez plutôt ce qu'il ajoute : « Il serait trop long de raconter comment nous allâmes à Rome avec saint Taurin, comment il fit à sa mère d'honorables funérailles, etc. ; tout cela se trouve dans le *petit livre* susnommé. » Ce petit livre, concluent les Bollandistes, était donc et n'était pas antérieur à la relation, si l'on en croit le faux Adéodat.

Il est d'abord à remarquer que ce prologue, publié par les Bollandistes, ne se trouve pas toujours à la tête des faux actes de saint Taurin. Par exemple, à sa place, on en lit un autre plus court et tout différent, à la tête des actes de saint Taurin, dans le manuscrit de la Bibliothèque Nationale, fond latin, n° 989 ; ceux-ci ont été publiés, à Évreux, par l'auteur d'un mémoire sur la châsse *(capsa)* de saint Taurin, il y a environ vingt-cinq ans.

Notons encore que, soit qu'il y ait, soit qu'il n'y ait pas d'incohérence entre les faux actes publiés par les Bollandistes et le prologue qui les précède, nous n'avons pas à nous en occuper. Il suffit qu'il n'y a pas de contradiction dans la vie abrégée par Ordéric Vital.

Il n'y est parlé d'aucun petit livre que le véritable Adéodat aurait fait avant la *Vie de saint Taurin*, où l'auteur aurait traité des saintes œuvres du premier évêque d'Évreux, ni des livres qu'il aurait expliqués avec la science d'un admirable docteur ; il n'y est question ni d'un voyage que saint Taurin aurait fait à Rome, au temps du pape saint Sixte Iᵉʳ, après la conversion du préfet d'Évreux, Licinius, et de sa femme, Léonille ; ni du martyre de ceux-ci à Rome, durant ce prétendu voyage ; ni de l'honorable sépulture donnée par saint Taurin à Euticie, sa mère, six ans après que Licinius, le préfet d'Évreux, l'avait fait mourir comme chrétienne. Tous ces détails n'auraient en soi rien que de possible ; mais ils auraient été à la gloire du saint évêque ; ils auraient, d'ailleurs, directement intéressé le diocèse d'Évreux par le martyre d'Euticie, sa mère, par celui de Licinius et de Léonille, qu'il avait convertis à la foi chrétienne ; ils auraient naturellement fait partie de l'*Histoire des Églises de Normandie*, qu'Ordéric Vital s'était proposé d'écrire. Donc, s'il a négligé de rapporter ces faits dans son histoire, c'est une assurance qu'il ne les avait pas lus dans la vie originale de saint Taurin qu'il avait sous les yeux, et il y a raison de croire que tout cela n'est que fictions inventées pour embellir le récit.

On ne peut davantage reprocher à Ordéric deux contradictions que présentent deux autres passages des faux actes.

Ainsi, quand, au tribunal du préfet d'Évreux, Taurin s'est déclaré fils de Tarquin, citoyen romain : « Tarquin fut aussi mon grand-père, *Meus etenim avus fuit Tarquinus* », reprend le préfet Licinius. Un peu plus bas, au cours du procès, Léonille, sa femme, lui rappelle qu'il a dit que le père de ce vieillard (saint Taurin) était aussi son grand-père. « Pourquoi, ajoute-t-elle, avez-vous le cœur assez dur pour faire flageller si cruellement *votre cousin ? Nonne antea, domine meus, dixisti quia pater istius senis avus tuus fuit ? Cur tam ferreum pectus habes ut tam pessimè consobrinum tuum jubeas flagellari ?* »

Enfin Marinus, fils de Licinius et de Léonille, après avoir été ressuscité et baptisé par saint Taurin, parle ainsi à son père : « Ah ! vous ne savez pas quelle est la gloire de ceux qui servent le Dieu qu'adore cet homme *notre cousin : Heu ! pater, Nescis quanta gloria his qui serviunt illi Deo quem colit vir iste consobrinus noster.* » Si Tarquin était le grand-père de Licinius, il est évident que saint Taurin était l'*oncle* de Licinius et le *grand-oncle* de son fils, et non leur *cousin*.

Or, Ordéric Vital appelle une seule fois Marinus le *cousin de saint Taurin ;* mais il ne dit nulle part que Tarquin ait été le *grand-père* de Licinius : *Manum Marini juvenis consobrini sui apprehendit (Taurinus) eumque a morte ressuscitavit.*

Il faut donc que, dans la vie authentique, écrite par le véritable Adéodat, Ordéric ait lu *avunculus* au lieu de *avus*, de façon que le père du préfet d'Évreux fût le frère de Tarquin, père de saint Taurin ; et ainsi Licinius et Marinus sont les cousins du premier évêque d'Évreux, et le récit d'Ordéric Vital ne se contredit point.

— Autres incohérences qu'on ne peut reprocher à Ordéric Vital : dans les faux actes, on lit que, après la résurrection de Marinus et de son écuyer, il ne resta personne dans le diocèse d'Évreux qui ne s'empressât de demander le baptême.

Cependant, lorsque *toute la Gaule* florissait par la parole du saint évêque, le Diable, ennemi de la Vérité, suscita pour la seconde fois contre les Gaulois une immense armée d'Orientaux, et, comme les Gaulois virent d'une manière certaine qu'ils étaient incapables de leur résister, *tous à l'unanimité* recoururent à l'aide de saint Taurin.

Que signifient ces phrases : OMNIS GALLIA *ejus florebat eloquio..... Cum vero certius compererunt Galli se casuros, nec ullo modo quivissent* (sic) *resistere,* OMNES UNANIMES *ad Viri Dei confugerunt auxilium ?*

A les prendre au pied de la lettre et dans leur sens naturel, il s'agirait de la totalité des provinces gauloises. Et, néanmoins, la suite du récit montre que la ruine de la ville d'Évreux et la conservation des habitants de cette ville sont seules en question. « Ce lieu, disent les faux actes, restera longtemps en ruine, mais un jour il sera rétabli. Les habitants auront la vie sauve. *Animas tantummodo impetrasti. Locus vero iste usque ad tempus longum defectus erit, sed iterum in melius reformabitur.* »

Les faux actes disent encore, mais vaguement, que cet ennemi qui détruisit Évreux, après la mort de saint Taurin, venait d'Orient : *Vastissimam contra Gallos orientalem concitavit pestem* (aliàs *hostem*). Alors, comment échapper, si, comme l'a entendu Dubosquet, les Barbares occupaient les Gaules : *Paulo post obitum Taurini*

Gallias a Barbaris occupatas (Bosquet, *Histor.
eccles. Gallican)?* Par quelle route aller. à Rome,
où saint Taurin envoyait au pape existant, pour
lui donner avis de son décès? *Properate Romam
et nuntiate Beato Papæ Xisto diem exitus mei.*

On sent que tout cela est exagéré et incohé-
rent. Au contraire, Ordéric Vital ne dit qu'un
mot de l'invasion d'Évreux, de la ruine de cette
ville et de la conservation des habitants : *Recedite velociter, ne involvamini ab hostibus. Nunc
civitas ista subvertetur, sed nullus vestrum periclitabitur.* Il fait seulement connaître que, sous
les règnes des empereurs Adrien et Antonin le
Pieux, un ennemi cruel maltraita beaucoup les
païens et les nouveaux chrétiens de cette époque.
Il aura probablement vu, dans son manuscrit
authentique, ces mots : *Vastissimum pestem orientalem concitavit ;* mais, n'en comprenant point le
sens, il s'est borné à mentionner l'invasion, sans
dire d'où elle venait ; reconnaissant avec simplicité que, de son temps, on ne le savait pas.
Ainsi, son récit est incomplet, mais on ne peut
dire qu'il soit ni absurde ni exagéré.

III.

Les actes de saint Taurin, abrégés par Ordéric
Vital, présentent bien moins de merveilleux que
ceux des Bollandistes. Et ce qu'ils en présentent

eut sa raison d'être dans les circonstances de ces premiers temps.

Voyons d'abord en quoi les uns et les autres sont d'accord sur ce point :

1° Comme saint Taurin approchait d'Évreux, le démon, pour l'épouvanter, lui apparut sous la forme d'un ours, d'un lion et d'un buffle ; ce qui ne l'empêcha pas d'entrer dans la ville ;

2° Trois jours après, saint Taurin prêchait dans la maison de Lucius, et sa doctrine plaisait à ses auditeurs. Alors le démon saisit Euphrasie, fille de Lucius, la jeta dans le feu, d'où elle fut retirée sans vie. Mais saint Taurin pria et, au nom de Jésus-Christ, la ressuscita ; et il ne parut sur elle aucun vestige de brûlure. Ce même jour, il guérit pareillement huit aveugles, quatre muets et plusieurs autres malades ;

3° Ensuite, Taurin entra dans le temple de Diane, commanda au démon de sortir de l'idole et de se rendre visible. Il parut comme un hideux Éthiopien, avec une longue barbe et jetant des étincelles par la bouche ; puis un ange, plus brillant que le soleil, chassa le démon du temple. En ce jour-là, mille âmes furent baptisées, et tous les infirmes furent guéris ;

4° Tandis que le saint évêque était occupé au ministère de son église naissante, le démon lui suscita des adversaires. Ainsi, deux prêtres de Diane engagèrent vingt de leurs disciples à le tuer. Le saint, les voyant venir et connaissant leur intention, les arrête par un signe de croix. Puis, à son commandement, ils reprirent leur liberté et, se jetant à ses pieds, crurent et furent baptisés. Les deux prêtres de Diane se tuèrent par dépit ;

5° Licinius, le magistrat romain qui gouvernait Évreux, se fit amener saint Taurin à Gisay. Comme on l'y traînait, il rencontra un paralytique et sa sœur aveugle, sourde et muette. Il les aspergea d'eau bénite, et ils furent guéris. Licinius, irrité des réponses du saint évêque, le fit battre de verges ; durant son supplice, il invoqua le secours de Dieu : une voix du Ciel se fit entendre et le fortifia. Les mains de ses bourreaux se desséchèrent ;

6° Cependant, on vint annoncer à Licinius la mort de son fils Marinus et de Paschasius, son écuyer, qui étaient tombés dans un précipice à la chasse. Licinius et Léonille, sa femme, demandent à saint Taurin de rendre la vie à leur fils : prenant la main du jeune homme, Taurin le ressuscite. A la prière de celui-ci, il rend pareillement la vie à Paschasius. Tous deux rapportèrent ensuite ce qu'ils avaient vu dans les enfers ;

7° Enfin, sous le règne de l'empereur Adrien, Taurin, plein de jours et de mérites, après avoir, par ses nombreux miracles, amené plusieurs milliers d'âmes à la connaissance de la vérité et de la justice, fut appelé au Ciel. Le III des Ides d'août, le peuple étant assemblé, l'église fut remplie d'un nuage épais et odoriférant, qui se dissipa au bout d'une heure. Le saint évêque apparut assis dans sa chaire, les yeux et les mains levés vers le Ciel, à la manière d'un homme qui prie. Il était mort. Ce fut pour tout son peuple un deuil immense. Cependant, il vint un ange, sous la forme d'un homme vénérable, qui ordonna de l'ensevelir dans un lieu qu'il montra, à un tiers de mille de la ville, à l'occident ;

8° Alors, ajoute Ordéric Vital, il se passa un fait extraordinaire. Comme on le mettait dans le cercueil et que les assistants s'abandonnaient à toute la violence de leur douleur, le saint, comme s'il eût été plein de vie, lève la tête : « Que faites-vous, dit-il, mes enfants ; écoutez ce personnage. » Puis, il baissa la tête et se tut ;

9° Après les funérailles, l'ange du Seigneur dit au peuple : « Hâtez-vous de fuir pour n'être pas enveloppés par les ennemis. Votre ville va être détruite, mais pas un de vous ne périra. Ce lieu sera longtemps inconnu. » Il disparut à ces mots.

Tel est le merveilleux qu'Ordéric Vital a raconté dans sa vie de saint Taurin, s'accordant en cela avec les actes du faux Adéodat publiés par les Bollandistes.

Mais voici d'autres merveilles qu'Ordéric Vital a passées sous silence, ne les ayant pas trouvées dans l'exemplaire qu'il a suivi.

Selon les actes des Bollandistes, Tarquin, père

de saint Taurin, était un ardent persécuteur des chrétiens ; Euticie, sa mère, secrètement chrétienne, priait pour la conversion de son mari et ne cessait de demander à Dieu de lui donner un fils qui, comme Samuel, fût consacré au service de ses autels. Or, une nuit, elle vit en songe un ange portant à la main une baguette dont il lui toucha le sein et qui se changea en une tige de lys de délicieuse odeur. Euticie garda le silence sur cette vision.

Euticie eut, en effet, un fils qui fut appelé Taurin par ses parents. Quand le temps fut venu, elle raconta à saint Clément le songe qu'elle avait eu, lui présenta l'enfant qu'il baptisa et leva des fonts sacrés, puis le confia aux soins de saint Denys l'Aréopagite, jusqu'au jour où il lui administrerait la confirmation, ce que saint Denys accepta de grand cœur.

Ainsi l'interpolateur, qui s'était proposé, par un zèle mal entendu, de grandir saint Taurin *(Ut in hac relatione qualis et quantus fuerit scire valeant futuri)*, s'est-il mis en frais d'imagination pour relever ce qui, à son gré, était trop simple dans l'original, quant aux circonstances de sa naissance, et il ne s'est pas fait faute de broder sur un fond d'ailleurs vrai des ornements mensongers.

C'est sans doute dans le même but qu'il fait parler le démon, tantôt pour essayer d'épouvanter saint Taurin par des menaces, tantôt pour lui reprocher de venir le chasser de la contrée ; d'autres fois, pour s'avouer vaincu et supplier le saint évêque de ne pas le précipiter dans l'abîme.

Quand il s'agit de raconter la fin de saint Taurin, Ordéric ne dit pas que sa mort lui ait été annoncée miraculeusement par un ange, non plus que la ruine d'Évreux qui suivit immédiatement. Il fait entendre que les ennemis arrivèrent à l'improviste.

Dans les faux actes, au contraire, c'est un tout autre récit : toute la Gaule était triomphante par l'éloquence du saint apôtre ; mais voilà que le diable suscite contre les Gaulois une immense armée d'Orientaux. Les Gaulois, ayant la connaissance certaine qu'ils ne pourraient se défendre et qu'ils succomberaient, résolurent, *tous à l'unanimité*, de recourir à saint Taurin. L'homme de Dieu indique aussitôt un jeûne de trois jours, après quoi un ange vient lui apprendre que, par ses prières, il a obtenu la vie des habitants d'Évreux ; que cette ville va être ruinée pour longtemps, mais qu'elle serait un jour rétablie. L'ange lui annonce encore que, dans huit jours, il recevra le prix de ses travaux. Le saint évêque convoque le peuple à l'église, lui fait connaître ce qu'il a appris de la bouche de l'ange, le console dans son épouvante : « Où irons-nous ? Quel sera notre guide, lui demande-t-on ? » C'est alors qu'il les envoie à Rome, vers le pape saint Sixte Ier, s'il n'est pas encore martyrisé, pour lui apprendre le jour du décès de saint Taurin. C'est à propos de ce voyage à Rome que le faux Adéodat rappelle celui qu'il y aurait précédemment fait à la suite du saint évêque, et le petit livre qu'il aurait écrit sur ce sujet et auquel il renvoie le lecteur.

Enfin, arrive le dimanche ; le peuple se réunit à l'église, selon la coutume. Après avoir célébré la messe, Taurin indique à tous une assemblée pour le jeudi suivant. Tous furent présents à l'heure dite : la mort de leur père était pour tous une immense douleur. Le Pontife commence et achève l'office, leur tient des discours consolants, leur prédit plusieurs choses qui arrivèrent plus tard ; enfin, il s'assied sur sa chaire pontificale, les bénit en leur disant : « Allez en paix, mes enfants, Dieu sera avec vous. » A ce moment, ils virent autour de l'autel une innombrable multitude de personnages vêtus de blanc, et ils les entendirent tous dire d'une seule voix : « Venez avec nous, Taurin, saint de Dieu, qui avez souffert pour lui. Entrez dans la joie de votre Seigneur. »

Ici le faux Adéodat atteste avec serment, *sans vouloir se louer*, qu'il était aux funérailles du saint Pontife, *comme un bienheureux dans le ciel*, mais sans savoir comment.

Dès que la voix se fut fait entendre, une nuée épaisse et d'agréable odeur remplit l'église (le reste comme dans Ordéric). Mais de tout le merveilleux que nous venons de dire, Ordéric ne dit absolument rien. Il est donc vrai que son récit en contient beaucoup moins que les faux actes publiés par les Bollandistes.

IV.

On objectera peut-être que le merveilleux est encore tellement prodigué dans le récit d'Ordéric Vital et paraît si extraordinaire qu'on serait tenté de le croire fabuleux, tant il est invraisemblable.

Nous répondons que, au contraire, dans les circonstances où saint Taurin opéra ses nombreux miracles, il serait *invraisemblable* qu'il ne les eût pas opérés. Comment, sans cela, eût-il amené un si grand nombre d'âmes à la connaissance de la vérité et de la justice ? « Jésus-Christ lui-même, « comme le remarque très bien un judicieux « écrivain (Trigan, *Histoire ecclésiastique de la* « *Normandie)*, Jésus-Christ et ses apôtres qui « avaient affaire à des peuples moins grossiers « et moins extraordinairement superstitieux que « ceux des contrées qu'eurent à défricher nos « premiers missionnaires, ne se firent suivre et « ne persuadèrent qu'à l'aide des miracles qu'ils « opéraient. »

« Il n'est point vraisemblable, disait Origène, que les apôtres eussent osé entreprendre ce qu'ils ont fait, s'ils ne se fussent sentis soutenus par une vertu divine. Il n'est point vraisemblable que les peuples eussent quitté les coutumes de leurs ancêtres, pour passer à des maximes qui en étaient si éloignées, sans avoir été touchés par une puissance extraordinaire et par des faits miraculeux. » (Origène, *Contra Celsum*, lib. VIII.)

Aussi, saint Irénée, dans le second siècle, témoigne-t-il que les miracles étaient communs dans l'Église. « Entre les frères, disait-il, *très souvent* toute l'Église qui est dans chaque lieu, l'ayant demandé avec beaucoup de jeûnes et de supplications, pour une raison nécessaire, l'âme d'un mort est rentrée dans son corps. La vie d'un homme a été accordée aux prières des saints. » *In fraternitate sæpissime, propter aliquid necessarium, ea quæ est in quoquo loco ecclesia universa postulante, per jejunium et supplicationem multam, reversus est spiritus mortui, et donatus homo orationibus sanctorum* (S. *Irenei adv. hæres,* lib. III, 31-2).

Un peu plus bas, saint Irénée ajoute ceci :
« au nom de Jésus-Christ fils de Dieu, ceux qui
« sont vraiment ses disciples, recevant de lui
« la grâce, font pour les autres hommes selon le
« don que chacun d'eux a reçu. Les uns chassent
« les démons solidement et véritablement, de
« façon que ceux qui sont délivrés des mauvais
« esprits croient très souvent et entrent dans
« l'église. D'autres ont la prescience des choses
« futures et le don de prophétie. D'autres, par
« l'imposition des mains, guérissent les infirmes,

« rendent la santé. Il y a eu, comme nous
« l'avons dit, des morts ressuscités qui ont per-
« sévéré avec nous durant bien des années. Il est
« impossible de dire le nombre des grâces que,
« dans le monde entier, l'Église a reçues de
« Dieu au nom de Jésus-Christ, pour venir
« chaque jour au secours des Gentils. »

Quapropter illius (filii Dei) *nomine, qui veré
illius sunt discipuli, ab ipso accipientes gratiam,
perficiunt, ad beneficia reliquorum hominum,
quemadmodum unusquisque accepit donum ab eo.
Alii enim Dæmonem excludunt firmissimé et veré,
ut etiam, sæpissime credant ipsi qui emundati
sunt a nequissimis spiritibus et sint in ecclesiâ.
Alii autem et prescientiam habent futurorum et
visiones et dictiones propheticas. Alii autem
laborantes aliquâ infirmitate per manûs imposi-
tionem curant et sanos restituunt. Jam etiam,
quemadmodum diximus, et mortui resurrexerunt
et perseveraverunt nobiscum annis multis. Non
est numerum dicere gratiarum quas per universum
mundum ecclesia a Deo accipiens in nomine
Jesu-Christi, per singulos dies, in opitulationem
gentium perficit* (Ibid., cap. xxxii, 4-4).

On trouve dans Tertullien, qui vivait peu de
temps après saint Irénée, des témoignages ana-
logues qui prouvent la puissance que les chrétiens
avaient sur les démons (Voir Tertull., apologét.
cxxiii, *Patrologie lat.*, t. I, p. 414).

La vie de saint Grégoire le thaumaturge, par

saint Grégoire de Nysse, est pleine de merveilleux de toute espèce, saint Bazile, Eusèbe, saint Jérôme en parlent de la même façon.

Dans la vie de saint Antoine, écrite par saint Athanase, son disciple, le Démon se montre sous la figure d'un enfant noir, qui se dit l'Esprit de fornication et s'avoue vaincu. D'autres fois, c'était sous la forme de spectres hideux et de bêtes féroces, dont il imitait, devant le saint, les hurlements et les cris ; pendant ce temps, la voix de Dieu l'assurait de sa protection.

Saint Hilaire de Poitiers, saint Martin de Tours, tout le monde le sait, brillèrent au IVe siècle, par de nombreux miracles. On peut en voir les détails dans Sulpice Sévère et Fortunat, qui ont écrit leurs vies.

Toutes ces merveilles de l'Église primitive furent l'accomplissement des promesses formelles de l'Évangile. « Tout cela, dit saint Grégoire le « Grand, était nécessaire pour faire croître dans « la foi la multitude des croyants ; il fallait la « nourrir par des miracles, comme on ne cesse « d'arroser un arbuste jusqu'à ce qu'il ait bien « pris racine. *Hæc necessaria in exordia ecclesiæ* « *fuerunt. Ut enim ad fidem cresceret multitudo* « *credentium, miraculis fuerat nutrienda.* »

Voilà ce qui explique la multitude des miracles opérés par saint Taurin. Aussi, Ordéric Vital les raconte sans y trouver rien d'extraordinaire.

Cependant, il en est un qu'il marque comme

inusité : *In sepelitione venerabilis Episcopi res accidit inusitata.* C'est que, lorsqu'on mit saint Taurin dans le cercueil et que le peuple pleurait à l'excès, il se soit relevé, comme s'il avait été vivant et qu'il ait dit : « Que faites-vous, mes enfants ; ne craignez rien, etc. »

A bien y réfléchir, cette merveille inusitée était ici nécessaire aux néophytes d'Évreux. Leur ville allait être détruite de fond en comble. Peut-être, en permettant cette calamité, Dieu avait-il en vue de jeter les disciples de saint Taurin par toute la Gaule, pour y répandre le Christianisme : comme les tempêtes servent à porter au loin les semences des plantes. Certes, il ne fut point indigne de sa sagesse et de sa bonté, de les armer d'une confiance extraordinaire en sa providence, par ce qu'il y eut d'inusité dans l'apparition de l'ange qui présida aux obsèques du saint évêque et dans la quasi-résurrection de leur apôtre, dont le dernier mot les avertit d'obéir à l'envoyé de Dieu.

V.

Il n'a pas tenu à nous d'éviter, dans la comparaison que nous venons de faire entre les faux actes de saint Taurin, publiés par les Bollandistes dans leurs *Acta SS.* et sa vie par Ordéric Vital, les développements un peu longs dans lesquels nous sommes entrés. Mais il fallait prouver que celle-ci est entièrement à l'abri des reproches d'anachronismes, de contradiction et de faux merveilleux, plus ou moins justement adressés à ceux-là. On peut juger si nous avons réussi dans notre entreprise.

Que l'on compare également ces deux pièces avec les vies du même saint, qui se trouvent dans l'*Historial* de Vincent de Beauvais et dans le *Sanctuarium* de Mombritius, il sera facile de reconnaître que ces deux hagiographes ont, au contraire, à peu près reproduit toutes les taches qu'on voit dans les faux actes. Il n'en pouvait être autrement : n'ayant sous les yeux que les faux actes, ils les ont nécessairement copiés presque à la lettre.

Ordéric Vital, au contraire, n'offre rien de reprochable dans la vie du premier évêque d'Évreux ; c'est qu'il avait heureusement entre les mains des actes primitifs et sincères, écrits vers le milieu du second siècle par un prêtre, disciple de notre saint, lesquels actes étaient exempts d'anachronismes, d'incohérences, etc., et qu'il en a reproduit fidèlement la substance.

Assurément si, pour guide de son travail, il n'avait eu que les faux actes, il n'aurait pas mieux réussi que Vincent de Beauvais et Mombritius n'ont pu le faire. Au XIIe siècle, où il écrivait, l'art de la critique historique n'existait pas plus pour lui que pour les deux autres. Qu'on voie

plutôt ce que, sans manifester le moindre étonne-
ment, il raconte de saint Nicaise, de Rouen, et
de ses deux compagnons : « que la nuit qui suivit
leur martyre, ils se relevèrent miraculeusement,
et, prenant leurs têtes, ils passèrent par un gué
inconnu, la rivière d'Epte, et allèrent se reposer
dans une île très agréable. » On sait comment
les Bollandistes et les écrivains les plus judicieux
ont jugé les faits de cette sorte, attribués dans
le moyen âge aux martyrs qui avaient eu la tête
tranchée.

Quelle conséquence à tirer maintenant ? Que
nous avons donc, dans Ordéric Vital, sinon un
document original, au moins un abrégé fidèle des
actes originaux de saint Taurin, qui mérite de
faire autorité en ce qui regarde les origines du
diocèse d'Évreux et son premier évêque, comme
l'abrégé de Xiphilin fait autorité et remplace
l'histoire de Dion pour les fragments qui sont
perdus.

Nous voici bien loin de cette conclusion qu'ont
tirée les Bollandistes de la critique de leur *vie* de
saint Taurin : « On demandera peut-être ce que
« nous pensons pouvoir être cru avec certitude de
« saint Taurin sur la foi de ce document ? —
« Absolument rien, répondent quelques-uns. »
*Quæret fortasse quispiam quid igitur de Sancto
Taurino nostro satis putemus posse certo credi ?—
respondent aliqui :* Ex VITA PRORSUS NIHIL (comm.
de S. Taur. Vita, II aug. n° 15). Et les Bollan-

distes n'ajoutent rien à l'encontre de ce jugement.

On conçoit en effet que, n'ayant jamais pensé à
faire l'étude que nous venons d'essayer, et persuadés que la vie par Ordéric Vital était seulement
un abrégé de leur fausse légende, ils n'ont pu
s'exprimer autrement.

Ce n'est pourtant pas que leurs faux actes ne
contiennent rien de vrai. On vient de voir, au
contraire, qu'ils s'accordent très bien avec Ordéric
Vital en ce qu'il a raconté ; d'où nous avons
conclu que ces deux pièces ont été composées sur
le même original. Il y a entre elles cette différence
que l'une en a reproduit la substance avec sincé-
rité ; l'autre l'a si déplorablement défiguré par les
détails imaginaires dont il l'a surchargé en vue de
l'orner, qu'il est vraiment difficile, à moins d'y re-
garder de près, de démêler le vrai du faux.

VI.

Les faux actes, outre les faits sur lesquels ils
sont d'accord avec Ordéric, en présentent encore
plusieurs, négligés par cet historien, qui pourtant,
à les bien examiner, semblent avoir fait partie de
la vie authentique de saint Taurin écrite par son
disciple le prêtre Adéodat.

Tel est, à mon avis, ce passage du premier
chapitre, n° 6, où saint Taurin, après avoir fait

voir sensiblement aux payens d'Évreux qu'ils adoraient le Démon sous le nom de Diane, leur adresse cette question : « Voulez-vous encore servir votre Déesse Diane que *son frère* Jupiter avait pour femme ? *Vultis Dianæ Deæ vestræ quem* FRATER EJUS JOVIS *accepit in conjugem ?*

Les Bollandistes ont jugé cette allégation indigne d'un écrivain, qui serait né à Rome, au premier siècle, d'un père idolâtre. Et c'est pour cela qu'ils soupçonnent Vincent de Beauvais et Mombritius de l'avoir retranchée de leur vie de saint Taurin : « *hæc et alia rescidisse suspicamur Vincentium Bellovacensem et Mombritium tanquam indiqua scriptore, qui seculo æræ christianæ primo ex patre idololatrâ Romæ sit natus.* » (note *b* de la vie).

Notons d'abord que rien ne prouve que Déodat, auteur de la vie de saint Taurin, serait né à Rome. Ordéric le donne seulement pour le fils de Lucius, homme honorable de la cité d'Évreux et né idolâtre comme son père. Les faux actes parlent de même.

Quant au reste, j'admets volontiers avec les Bollandistes que Vincent de Beauvais et Mombritius auraient regardé comme une grosse erreur cette parole mise par le faux Déodat dans la bouche de saint Taurin, que Diane était la sœur et la femme de Jupiter ; ce qui est défendu par toutes les lois romaines. *Quod nefarium est in omnibus legibus Romanis.*

A mon avis, Ordéric Vital l'avait lue pareille-

ment dans la vie authentique qu'il a abrégée.
Seulement, il comprit que saint Taurin, né à
Rome, d'un père idolâtre, mais élevé par une
mère profondément chrétienne, baptisé de bonne
heure par saint Clément, puis envoyé tout jeune
(*tenellus*) dans les Gaules avec saint Denys, de
Paris, dut n'être que très peu initié à l'étude de
la théogonie païenne. Il aurait donc facilement
pu confondre Diane avec Junon, que Virgile
appelle, en effet, la sœur et la femme de Jupiter
(*et soror et conjux*). Mais Ordéric Vital crut
aussi que, s'il y avait erreur, elle était de peu
de conséquence, et que, au demeurant, le fond
de la pensée du saint était vrai, puisqu'il se pro-
posait de flétrir l'inceste de Jupiter, mari de
Junon, sa sœur, ce qui, à Rome, était regardé
comme un crime. Ordéric a négligé ce passage,
non pas qu'il ne le regardât point comme authentique, mais comme peu important à l'ensemble
de son récit.

Allons plus loin et disons qu'ici il n'y a réelle-
ment erreur ni du côté de saint Taurin, qui a
tenu ce propos, ni du côté de son biographe
Adéodat qui l'a rapporté. C'est une vérité certaine, mais assez peu connue présentement, que
les anciens Romains *faisaient un seul et même
personnage de Diane et de Junon*. L'apôtre
d'Évreux, en le rappelant aux païens de cette
cité, émettait une croyance alors généralement
admise.

Avant d'en exhiber la preuve, remarquons que Diane et Jupiter étaient particulièrement honorés dans cette partie de la Lyonnaise. La trace de cette superstition se trouvait encore, il y a peu de temps, particulièrement en Basse-Normandie. Il y a soixante ans, on entendait assez fréquemment ces jurons : *parjane, pardienne, parjou* (*per Janam, per Dianam, per Jovem*). Certaines hauteurs de la même contrée paraissent devoir le nom qu'elles portent au culte qu'on y rendait jadis à Jupiter. Telles sont *Montjoie* (mons Jovis), canton de Saint-Poix (Manche) ; une autre localité du même nom, près Mortain, même département ; *Berjou* (berg, montagne), canton d'Athis (Orne).

On sait que Diane, déesse de la chasse sur la terre, était la même que Phœbé ou la Lune au ciel et Hécate dans les enfers.

Enfin, personne n'ignore que Junon, sœur de Jupiter, était aussi sa femme et la sœur de Jupiter, comme l'a dit Virgile : *et soror et conjux.*

Or, que Diane, autrement la Lune, ait encore été, pour les anciens Romains, la même que Junon, sœur et femme de Jupiter, c'est ce qu'assure Jean Vossius, dans son traité *De origine et progressu idololatriæ*, lib. II, cap. xxxi. D'où il infère qu'il n'y a point à s'étonner que Diane, autrement la Lune, ait présidé à la génération et à tout ce qui s'y rapporte : « *Quod si* Juno eadem ac Diana, *puta Luna, nil mirum si, ut*

Diana, sic Juno generationi et eo pertinentibus præfuerit. »

Cet écrivain ici s'appuie sur l'autorité de Macrobe, archéologue du IVe siècle, dont voici le texte formel : « Comme *nos ancêtres* faisaient « commencer les mois à la nouvelle lune, ils ont « eu raison de consacrer les calendes à Junon, « étant persuadés que la lune (autrement Diane) « étaient la même divinité. » — « *Quam enim initium mensium* patres nostri *ab exortu Lunæ servavarint, jure Junoni Calendas addixerunt,* Lunam et Junonem eamdem putantes » (Macrobe, *Saturnal.*, lib. cap. xviii).

Il n'était donc pas si indigne de saint Taurin, quoi qu'il fût né à Rome d'un père idolâtre, de dire aux payens de la cité d'Évreux que la déesse Diane, dont les Romains, après la conquête des Gaules et la chute du druidisme, leur avaient apporté la connaissance et le culte était la femme et la sœur de Jupiter : *Quam* (Dianam) *frater ejus Jovis accipit in conjugium.*

De cet archaïsme de la mythologie gallo-romaine, qu'on lit dans les faux actes de saint Taurin, nous tirerons une autre conséquence, à savoir qu'il n'a pu être inventé par un ignorant faussaire dans le VIIIe ou le IXe siècle ; mais qu'il l'a trouvé dans les actes originaux et l'a conservé dans son travail.

On voit par le texte de Macrobe que l'opinion qui identifiait Diane avec Junon, femme et sœur de Jupiter, était surannée de son temps, c'est-à-dire à la fin du quatrième siècle : *majores nostri lunam et Junonem eamdem putantes*. A partir du cinquième siècle, quand le christianisme se fut élevé sur les ruines du Paganisme, elle ne tarda pas à s'oblitérer et à tomber tout à fait dans un oubli profond. Je ne sache pas qu'un seul écrivain profane, ni aucun Saint Père l'ait mentionnée durant le moyen âge. Vossius fut le premier qui l'exhuma au XVIe siècle ; mais il ne paraît pas qu'on y ait fait grande attention, puisque les Bollandistes, à qui personne ne refuse une éminente érudition, n'en ont pas eu la moindre connaissance.

De nos jours, Auguste Le Prévost a publié, dans le tome IV, des *Mémoires des Antiquaires de Normandie*, un curieux mémoire sur la châsse de saint Taurin d'Évreux, où il a étudié ce précieux monument du XIIIe siècle ; or il s'exprime ainsi dans la description qu'il fait de la quatrième arcade : « En l'air et à peu près à la hauteur du prélat, sont deux diablotins nuds....... On pourrait supposer que « l'artiste aurait voulu faire apparaître, en même « temps que Diane, *son frère et époux Jupiter*. » Le soin qu'Auguste Le Prévost a pris de souligner ces mots et d'ajouter en note : *Suivant la légende*, montre que, aussi bien que les Bollandistes, il a regardé ce détail : *Vultis Deæ vestræ Dianæ servire quam frater ejus Jovis accepit in conjugium*, comme une sotte imagination d'un faux Adéodat. Auguste Le Prévost ignorait donc aussi le texte de

Macrobe, qui affirme cette opinion des vieux gallo-romains que Diane était la sœur et la femme de Jupiter.

Mais, après cela, comment supposer qu'un ignorant copiste, dans le moyen âge, l'aurait mieux connue ? Donc celui-ci n'a inséré dans ses faux actes ce mot de saint Taurin : *vultis deæ vestræ Dianæ*, etc., que parce qu'il l'avait trouvé dans les actes originaux de ce saint, écrit par le prêtre Adéodat, son contemporain et son disciple.

<h2 style="text-align:center">VII.</h2>

On trouve encore dans les faux actes un texte que l'interpolateur n'a pu tirer pareillement que des actes originaux. Il parle ainsi aux nᵒˢ 12 et 13 de la vie : « *Jam vero* Gallia omnis *ejus (Taurini) eloquio florebat. Cūm hæc agerentur et* omnis plebs *esset ovans, zabulus inimicus veritatis* iterum vastissimam (*sic*) Orientalem concitavit hostem.

Comme on le voit, ce texte se rapporte à la ruine d'Évreux, qui suivit immédiatement la mort de saint Taurin ; nous avons fait remarquer combien l'interpolateur avait exagéré le mal, en l'étendant à toute la Gaule, *omnis Gallia... omnes Galli unanimes,* ajoute-t-il un peu plus bas. Cependant, finalement, il se réduit à faire dire au peuple d'Évreux par l'ange : *recedite velociter ne involvamini ab hostibus, nunc civitas ista destruetur, sed nullus vestrum periclitabitur.*

Dans Ordéric Vital, l'Ange tient un langage absolument identique ; preuve que le faussaire et Ordéric Vital ont puisé à la même source. Mais Ordéric a reproduit simplement le texte original, sans y rien ajouter ; il a même négligé ces deux mots importants *Iterùm* et *Orientalem*.

Iterum : jamais un faussaire du VIIIe ou IXe siècle n'aurait imaginé d'ajouter cette circonstance que la ville d'Évreux allait être saccagée pour la seconde fois, *iterùm*, immédiatement après les funérailles de saint Taurin. La première destruction de cette cité n'intéressait en rien la vie de ce saint. L'interpolateur n'a donc pu la mentionner que parce qu'il l'avait trouvée dans l'original.

Ordéric Vital y avait lu pareillement le mot *iterum ;* s'il a négligé de l'insérer dans son travail, c'est qu'il regardait cette circonstance comme étrangère à la vie du saint, et que d'ailleurs il avait entrepris d'écrire spécialement l'*histoire des églises de la Normandie* et non celle des faits qui y précédèrent l'introduction du christianisme.

Quant au prêtre Déodat, contemporain de l'initiateur de la foi à Évreux, il n'est pas étonnant que cette expression *iterum* se soit trouvée sous sa plume. C'est un cri de douleur échappé à son âme ; le souvenir de la première dévastation, plus ou moins récente, de sa ville natale, lui rendant beaucoup plus poignante la seconde catastrophe et la situation présente de ses concitoyens sans asile.

Orientalem hostem concitavit. Si le faux Déodat

n'avait également vu ces expressions écrites dans les actes originaux, il n'aurait pas davantage pu les faire entrer dans son récit de la mort de saint Taurin. Comment, en effet, aurait-il imaginé une armée venant d'Orient et pour cela ayant dû passer les Alpes et le Rhin, traverser la Gaule dans toute sa largeur, pour tomber sur Évreux, lorsqu'il marque que cette armée survint à l'improviste et que les habitants durent hâter leur fuite pour n'être point enveloppés par l'ennemi? Si une armée orientale occupait alors la Gaule, comme l'a entendu Dubosquet : *Acta paulo post obitum Taurini Gallius a Barbaris occupatas referunt,* comment saint Taurin mourant envoie-t-il à Rome annoncer son décès au pape saint Sixte? de quel côté fuir? par quelle route aller à Rome? — Ainsi l'interpolateur aurait à plaisir multiplié les incohérences dans son récit. Mais ayant vu ces expressions *Orientalem hostem* dans les actes originaux sur lesquels il travaillait et dont il connaissait la véracité, il les a enregistrées de confiance, quoiqu'il se sentît absolument incapable d'en comprendre le vrai sens.

Ordéric Vital les a passées sous silence, quoiqu'il les ait lues dans les actes originaux. Il le fait visiblement entendre par cette curieuse note qu'il a, avec une admirable bonne foi, ajoutée à la vie de saint Taurin: « Sous les règnes d'Adrien et « d'Antonin le Pieux, la nouvelle chrétienté dans « la Gaule fut écrasée par des ennemis pleins de

« rage. Quelle était cette nation persécutrice ?
« d'où venait-elle ? Sous la conduite de quel chef
« exerça-t-elle ses ravages, opprima-t-elle intolé-
« rablement les Chrétiens et les Idolâtres ? aucune
« histoire ne le dit clairement. Néanmoins, dans
« plusieurs actes de saints de cette époque, on
« voit que sous les empereurs Adrien et Antonin le
« Pieux, une armée cruelle et barbare écrasa la
« Gaule. » *Ælio Adriano et Antonino Pio imperantibus, rabie hostili novella christianitas in
Gallia vehementèr attrita est* (Ordéric Vital, *Histor. eccles.*, part. II, lib. V, cap. vii.)

Comme on le voit, dans cette citation, Ordéric
Vital confesse son impuissance à dire le nom de
cette nation dévastatrice et la contrée d'où elle
était sortie. Et, cependant, on voit aussi que,
sans s'en douter, il a posé deux données très
propres à amener la solution de ce double pro-
blème.

Ainsi, il représente cet ennemi qui, immédiatement après les obsèques de saint Taurin,
détruisit la ville d'Évreux, comme étant arrivé à
l'improviste, à petit bruit, de façon que les habitants eurent besoin d'être avertis de son arrivée
imminente, et qu'ils durent fuir à la hâte, pour
ne pas être enveloppés : *Recedite velociter ne
involvamini ab hostibus.*

D'une autre part, Ordéric ajoute que cette
race de persécuteurs exerça sa rage aussi bien
sur les idolâtres que sur les nouveaux chrétiens :

*Quæ intolerabiliter Christianos et idololatras op-
presserit.*

Du premier de ces textes, il résulte que cette
race ennemie, quoique les actes originaux l'appellent *orientale*, ne venait point immédiatement du côté de l'orient, ni du midi ; autrement,
la cité d'Évreux eût été avertie de sa marche et
aurait eu le temps de pourvoir à sa défense ou
de prendre les précautions convenables.

Ces ennemis ne pouvaient être que des pirates
germains, venus par l'Océan britannique, qui
avaient remonté la Seine, l'Eure, peut-être même
l'Iton, sur leurs légères embarcations ou du
moins étaient débarqués sans bruit au point où
le cours de l'Eure se rapproche environ à trois
lieues de la ville d'Évreux.

L'autre texte marque que ces pirates exer-
cèrent leur fureur en même temps sur les idolâtres et sur les chrétiens. Cette circonstance
porte à croire que leur brigandage était doublé
de fanatisme, caractère particulier des Germains
scandinaves, sectateurs d'Odin, qui, partis des
bords de la mer Noire, s'étaient établis dans les
contrées les plus septentrionales de la Germanie.
Tels furent aussi les Saxons au Vᵉ siècle et les
Normands au IXᵉ. Voilà, selon nous, le mot de
ces deux énigmes proposées par Ordéric Vital.
Au second siècle, où écrivit le véritable Adéodat,
ce mot *orientalem* ne faisait aucune difficulté pour
personne. Mais, mille ans plus tard, le souvenir

des grandes invasions maritimes des Germains scandinaves, qui avaient amené leur établissement, sous le nom de Saxons, sur notre littoral du Calvados (*littus saxonicum*), puis sous celui de Danois ou Normands, dans toute la Neustrie, avaient oblitéré parmi nous la mémoire des descentes partielles, plus ou moins fréquentes, par lesquelles, à l'époque gallo-romaine, ils préludèrent à leur prise de possession de cette contrée. On avait pareillement oublié leur origine orientale, et c'est pourquoi Ordéric Vital était embarrassé sur le sens de ce mot *orientalem hostem* qu'il lisait dans les actes authentiques de saint Taurin.

VIII.

Chez les Scandinaves du XIe siècle, on n'avait pas la même ignorance sur ce point. L'auteur d'une histoire du Danemarck, *Grammaticus Saxo*, qui écrivait alors, mentionnait cette tradition conservée dans ce pays, que Odin était venu d'Asie en Europe et dans les contrées septentrionales, avec une grande armée : *Othinus ex Asia in Europam et regna Aquilonaria, magnis cum copiis advenerat (Historia Danica, lib. I).*

Licquet, dans son *Histoire de la Normandie depuis les temps les plus reculés*, cite Snorr Sturleson, historien Islandais, aussi du XIIe siècle, qui recueillit, et rédigea, peut être en partie, les *sagas* historiques des Rois du Nord. « Dans ce recueil, on trouve les annales des *Ynglingues* qui remontent jusqu'à Odin. » Odin, selon ce récit islandais, régnait dans « l'*Asaland*, en Asie ; sa « capitale était *Asgaard*..... Il institua ses deux « frères comme chefs de l'Asgaard, et alla, avec « ses prêtres de sacrifices et une foule de monde, « occuper beaucoup de terres dans le pays des « Saxons ; puis, ayant traversé la mer Baltique, il « se transporta dans l'île de Fionie, à Odensée ; « mais ayant appris qu'il y avait des terres plus « fertiles en Suède, il alla s'y établir, y fonda un « grand temple et plaça ses prêtres dans les lieux « d'alentour. »

Ces antiques traditions du Nord, sérieusement étudiées de nos jours, n'ont point paru être sans valeur. Écoutons ce qu'en pense Amédée Thierry (*Histoire de la Gaule*, liv. II. ch. 1) : « Il y avait, au « milieu des brumes de la Scandinavie, quelque « chose de particulier que les anciens signalent, « sans tenter de l'expliquer : de nombreux indices « d'une civilisation assez avancée, plus de richesse « et d'arts, des gouvernements plus réguliers, et « moins de sentiment d'indépendance farouche « que dans le reste de la Teutonie. » *Est apud illos et opibus honos, eoque unus imperitat, nullis jam exceptionibus, non precario jure parendi.* (Tacite German. 44). « Leur témoignage, en cela, concorde « avec les traditions indigènes ; faut-il placer la

« source de ce développement dans les institutions
« moitié guerrières, moitié sacerdotales d'Odin ;
« dans l'élan imprimé par ce réformateur-conqué-
« rant aux nations de la Scandie, *durant le siècle*
« qui précéda notre ère ? Ce n'est là qu'une
« hypothèse, mais une hypothèse *qui n'a rien*
« *d'improbable*.

« Cette révolution religieuse, dont la trace s'a-
« perçoit dans les documents romains, se lit
« *plus clairement* dans les documents traditionnels
« des Scandinaves. Ces vieux et curieux récits
« montrent la Scandinavie convertie ou subjuguée,
« *un siècle environ avant notre ère*, par des prêtres
« guerriers *venus d'Asie*, qui fondent un nouveau
« culte, dans lequel le chef des réformateurs
« conquérants, appelé Odin, se confond avec le
« vieil Odin et devient à la fois le Dieu suprême et
« le Dieu de la guerre. »

Nous devons, il est vrai, dire que César Cantu,
tome XII de son *Histoire universelle*, imprimée en
1845, est d'un autre sentiment : « Les laborieux
« Allemands, dit-il, n'ont pu parvenir à tirer l'his-
« toire d'Odin des monuments traditionnels : on a
« conjecturé qu'il était venu *de la Suède*, s'établir
« en Saxe où il avait fondé *Sigthune*, capitale du
« nouveau Royaume... Peut-être naquit-il un peu
« avant Jésus-Christ... D'autres, mais en se fon-
« dant sur de faibles présomptions, le font *venir*
« *d'Asie* dans la Scandinavie, à la tête d'une peu-
« plade chassée de ses foyers par Mithridate. Il

« est plus probable que le nom d'Odin fut attribué
« à plusieurs personnages, dont le dernier, issu
« de la Gothique, lorsque celle-ci commençait à
« embrasser le Christianisme, rétablit les cou-
« tumes et les croyances nationales, en se retirant
« au centre de la Germanie. »

César Cantu a-t-il plus tard modifié son sentiment sur ce point ? Il est au moins certain
qu'Amédée Thierry, dans l'édition qu'il a donnée,
en 1871, de son *Histoire de la Gaule sous la
domination romaine*, montre, contrairement à
l'historien italien, Odin, comme « *venu d'Asie
durant le siècle qui précéda notre ère.* »

Frédéric Ozanam publia, en 1861, les *Études
germaniques*. Sur la question de l'origine des
Scandinaves, il a exprimé plus au long la même
opinion.

« Dans le voisinage des Goths, dit-il, vivaient
« les Scandinaves, resserrés d'abord dans un
« coin de la Suède, mais destinés à couvrir un
« jour les isles danoises, la côte de Norwège et
« les rochers de l'Islande. A cette extrémité du
« monde, séparés du reste des hommes par la
« longueur des hivers, ils avaient conservé des
« traditions plus fidèles. Voici ce que leur ensei-
« gnaient les récits des vieillards et les chants
« des poètes :

« A l'orient du Tanaïs, dans un pays où l'on
« trouvait l'or et le vin, s'élevait une ville sainte,
« appelée *Asgard*, la ville des Ases. Les dieux

« y avaient des temples et des sacrifices : douze
« chefs, issus des dieux, présidaient aux choses
« sacrées et rendaient la justice au peuple. Le
« premier de tous était Odin. Il avait poussé au
« loin ses conquêtes : il ne lui fallait qu'une
« parole pour terrasser ses ennemis; l'imposition
« de sa main sur la tête des guerriers les rendait
« invincibles. Or, au temps où les généraux de
« Rome menaçaient de mettre sous le joug tous
« les peuples, il arriva que plusieurs chefs puis-
« sants abandonnèrent leur pays. Odin connut
« alors par divination que sa race régnerait dans
« le nord. Laissant donc Asgard, accompagné de
« prêtres et d'une grande multitude, il s'avança
« du côté de l'occident, il traversa la contrée
« qui fut depuis la Russie, occupa une partie de
« la Saxe, où il établit plusieurs de ses enfants ;
« puis, tournant vers le septentrion, il se rendit
« maître des isles de Fionie et de Seeland, passa
« en Suède, et obtint, de ceux qui l'habitaient,
« un territoire au bord du lac Mœler. C'est là
« qu'il fonda la ville de Sigduna, où il remit en
« vigueur les lois des Ases. Après ces travaux,
« Odin mourut ; les Scandinaves le crurent re-
« tourné dans l'ancienne cité d'Asgard, où les
« guerriers morts par les armes devaient le re-
« joindre, pour vivre avec lui dans le Valhalla »
(Ynglinga Saga, ch. i, v, vii, viii, x).

« Assurément, continue Ozanam, il y a dans ce
« récit plus de mithologie que d'histoire. Cepen-

« dant on y trouve les *Suions* de Tacite et leur
« empire théocratique, on y reconnaît un peuple
« de même race que les Goths : ils ont les mêmes
« Dieux, car Odin prend aussi le nom de Gaut
(*Scribunt,* dit un mythologue allemand, *ejus
(Odini) nomen non uno eodem que modo auctores.
Apud nos legitur Oden, Odhen, Othinus, Odinus,
hoden, Woden, Wodan, godham, Ghodan, gvoden,
gvote, gote* (Jo. Georg. Keisler, de cultu Solis,
Fréji et Othini) « et de part et d'autres le nom
« d'Ases ou d'Anses est donné au chef de la caste
« sacerdotale et guerrière. On voit ce peuple venir
« de l'Orient, on suit la trace d'une conquête
« dont les indices se sont conservés chez les écri-
« vains anciens. Tacite connaît une ville des Ases
« (*Asciburgium*) fondée par un héros voyageur,
« près du Rhin et sur les limites des tribus saxon-
« nes, parmi lesquelles Odin s'arrêta d'abord. Plus
« loin, entre l'Oder et la Vistule, Ptolémée place la
« montagne des Ases et la colline où ils avaient
« laissé une ville de leur nom. En continuant à
« s'enfoncer du côté de l'Est et jusqu'au Tanaïs,
« pour y chercher l'antique Asgard, on remarque
« un peu au Nord du Palus-Méothide une contrée
« que Strabon appelait l'*Asie* proprement dite. Il y
« a placé le peuple des *Aspurgitains,* dans lequel
« on croit reconnaître *Aspurg,* la cité des Ases
« (*Asciburgium,* voir Tacite, de Germania). La vigne
« pouvait mûrir sous ce climat, les fleuves y rou-
« laient de l'or... »

« La tradition des Scandinaves, en même temps
« qu'elle trace l'itinéraire d'Odin et de ses compa-
« gnons, indique aussi le motif d'une entreprise si
« hardie. Elle en fixe l'époque au moment où les
« généraux Romains, portant leurs armes au loin
« par le monde, mettaient les nations sous le
« joug » (*inglinga Saga*, V). *Illo tempore late per
orbem arma circumtulere imperatores Romanorum,
omnes gentes sub jugum mittentes, cujus belli tu-
multui ut se subducerent, possessiones suas dese-
ruerunt principum multi.* « Or, d'un côté, l'éta-
« blissement des Ases dans le Nord, déjà solide et
« puissant au temps de l'historien Tacite, ne pou-
« vait être de beaucoup postérieur à l'ère chré-
« tienne. D'un autre côté, on ne saurait la faire
« remonter beaucoup plus haut, si l'on considère
« combien le souvenir d'Odin et de ses conquêtes
« semble encore récent chez les Germains, quand
« ils entrent dans l'histoire. »

L'auteur des *études germaniques* place la venue
d'Odin et de ses compagnons en Scandinavie à
l'époque de la guerre de Mithridate et de Pompée,
(64 ans avant Jésus-Christ). Celui-ci, après avoir
vaincu le Roi de Pont, contraignit les tribus du
Caucase à venir solliciter la paix, soumit tout le
pays depuis le Palus-Méotides jusqu'à la mer Cas-
pienne. « Qu'on ne s'étonne pas, conclut Ozanam,
« si le bruit de tant de batailles, si le mouvement
« de tant de peuples refoulés alla troubler la cité
« sacerdotale des Ases, et si les plus fiers de leurs

« chefs voulurent fuir la servitude universelle, en
« s'exilant sous un ciel plus sévère, où ils pen-
« saient pouvoir échapper à la convoitise des
« Romains. »

Que l'on compare, sur cette question, les deux
textes de César Cantu et de Frédéric Ozanam,
que nous avons cités, on verra que le premier
n'apporte aucune autorité à l'appui de ce qu'il
avance, et que son opinion ne présente rien que
de vague, d'incertain et même de contradic-
toire.

Ozanam, au contraire, s'appuie sur les traditions contenues dans l'Inglinga-Saga, c'est-à-dire
sur l'histoire des *Inglingues*, famille royale du
Nord, qui remontait jusqu'à Odin. Il ne dissimule
pas ce que ce document offre de fabuleux ; il y
attache néanmoins de la confiance en ce qui y est
raconté de l'origine asiatique de ce Prince, de son
établissement dans le Nord de l'Europe, des motifs
et de l'époque de sa venue. L'auteur des *Études
Germaniques* cite des textes de Tacite, de Ptolémée, de Strabon et de plusieurs écrivains anciens, et il montre comment ils concordent avec
le récit de l'auteur Islandais sur ces différents
faits. Et finalement il n'en révoque pas en doute
la réalité.

Or, ce sentiment d'Ozanam, qu'il partage avec
Amédée Thierry, Théodore Licquet et plusieurs
auteurs, suffit, ce semble, pour qu'il ne soit plus
permis de taxer de fable ce détail inséré, au

second siècle, dans les actes primitifs de saint Taurin, d'ennemis originaires d'Orient (*hostem orientalem*) qui vinrent du Nord par l'Atlantique, et ruinèrent la ville d'Évreux, à l'époque où régnait l'empereur Adrien.

Il semble même que, si le sentiment d'Ozanam sur l'origine orientale des Scandinaves justifie le texte du véritable Adéodat, celui-ci confirme aussi le sentiment d'Ozanam, d'Amédée Thierry, de Licquet, etc., sur la même question historique.

IX.

Nous avons vu que le manuscrit suivi par Ordéric Vital marque, vers l'époque du pape saint Sixte Ier et de l'empereur Adrien (l'an 126 de notre ère), la date de la seconde destruction (*iterum*) de la ville d'Évreux par les Scandinaves sectateurs d'Odin, tandis que les premières invasions germaniques paraissent cent soixante ans plus tard. Mais il faut se souvenir que les Barbares, qui attaquèrent la Gaule dans le premier et le second siècle, essayèrent longtemps leurs forces avant que de s'y établir. Ainsi firent les Saxons au Ve siècle et les Normands au IXe.

Plus de cinquante ans avant Jésus-Christ, Jules César avait remarqué que « les Germains saisissaient facilement l'occasion d'entrer dans les Gaules, *Germanos facile impelli ut in Galliam venirent* » (Bell. Gall., lib. 4, 16). Ce fut par une de ces tentatives qu'il fut amené à s'ingérer dans les affaires des Gaulois, sous prétexte de les secourir contre Arioviste, et finalement à les subjuguer.

Dès le temps d'Auguste, on voit cet empereur obligé de confier le gouvernement de la Gaule à Agrippa, parce que les Gaulois s'étaient soulevés les uns contre les autres et qu'ils étaient pillés par les *Germains : Tum Agrippa Galliis administrandis est præfectus ; tumultuabantur enim invicem Galli, et a Germanis infestabantur* (Dion, *Hist. rom.*, lib. 54).

Pendant l'année que Tibère gouverna la Gaule chevelue, cette contrée, au rapport de Suétone, fut pareillement troublée par les incursions des Barbares et les querelles des chefs : *Post hæc comatam Galliam anno ferè rexit, et Barbarorum incursionibus et principum discordiâ inquietam* (*In Tib.*, c. 9).

L'empereur Tibère, retiré à Caprée, négligea tellement son gouvernement, dit le même historien, qu'il laissa *les Germains ravager la Gaule*, sans s'inquiéter du déshonneur ni *des dangers de l'empire : Regressus in insulam reipublicæ quidem curam adeo subjecit ut Gallias a Germanis vastari neglexerit* (ib., c. 41) *magno imperii dedecori nec minori discrimine.*

Peu de temps avant la mort d'Alexandre Sévère, c'était pour cet empereur et pour l'état un grave sujet d'affliction de savoir la Gaule pillée et ravagée par les Germains : *Erat autem gravissimum Reipublicæ et illi* (Alexandro Severo) *quod Germanorum vastationibus Gallia diripiebatur* (Lamprid. in Alex. Sev., c. 58).

Tacite raconte que, sous le règne de Claude, Gannasque, chef des Chauques, longtemps auxiliaire des Romains, mais transfuge plus tard, exerçait la piraterie avec de légères embarcations et infestait surtout les côtes de la Gaule, n'ignorant point que les Gaulois étaient riches et peu capables de se défendre (les Romains n'avaient eu garde de leur laisser des armes) : *Per idem tempus Cauchi inferiorem Germaniam incursavere, duce Gannasco, qui natione caninefas et diu meritus, post transfuga, levibus navigiis prædabundus, Gallorum maxime oram vastabat, non ignarus dites et imbelles esse* (Annal., XI, 18).

Il y a lieu de croire que toutes ces incursions se faisaient par mer ; on sait que, de bonne heure, Drusus, frère puîné de Tibère, avait fermé l'entrée de la Gaule par le Rhin, en le munissant de nombreuses places fortes. Il fit construire des ponts à Gelduba et à Bonn et des flottes pour protéger ses ouvrages : *Per Rheni ripam quinquaginta amplius Castella direxit, Bonnam et Geldubam pontibus junxit, classibusque armatis firmavit* (Florus, *Hist. rom.*, lib. IV, 12).

Mais un curieux texte de Pline le Naturaliste nous montre aussi les pirates germains de son époque écumant les mers et se servant de pirogues, faites d'un seul arbre creusé, dont quelques-unes portaient jusqu'à trente hommes : *Germaniæ Prædones singulis arboribus cavatis navigant, quarum quædam et triginta homines portant* (*Hist. natur.*, lib. VI, c. 18). « A propos de ce texte de Pline, « notons en passant que les pirogues trouvées à « la profondeur de 18 et 20 pieds, lors de la « confection du nouveau canal de l'Orne, depuis « Caen jusqu'à Mondeville (V. l'abbé De La Rue, « *Essais hist. sur la ville de Caen*), pouvaient être « quelques-unes de ces embarcations à l'usage « des pirates Germains, surprises dans la baie de « l'Orne, par le flot montant, un jour de grande « mer. »

Les auteurs latins de la bonne époque attestent qu'il existait une flotte, à laquelle Tacite donne les deux noms de *britannique* et de *germanique*, laquelle croisait entre la Bretagne et la Gaule, pour protéger ces contrées des attaques des pirates germains. On la voit paraitre dans ce texte où Tacite rapporte que Civilis, chef des Bataves, qui souleva ses compatriotes, en 70, contre les Romains, avait eu la crainte que la quatorzième légion, *jointe à la flotte britannique,* ne ravageât les Bataves où ils sont entourés par l'Océan : *Circumsteterat Civilem et alius metus ne quarta decima Legio, adjuncta Britannica classe, afflic-*

taret Batavos, qua Oceano ambiuntur (*Hist.*, IV, 79).

Le même auteur signale le nom de Julius Burdo comme préfet de la flotte germanique sous Vitellius, qui eut l'adresse de le sauver de la cruauté des soldats demandant son supplice : *Vitellius Julium Burdonem, germanicæ classis præfectum astu subtraxit* (Tac., *Hist.*, 1, 59).

Sous Antonin le Pieux, cette flotte avait pour chef des pilotes Seius Saturninus. Un rescript de cet empereur nous a conservé le nom de cet officier, en donnant son approbation à un testament en faveur d'un certain Oceanus, qu'il laissait pour héritier par fidéicommis : *Seius Saturninus Archigubernus ex classe Britannica testamento hæredem fiduciarium*, etc. (Jabolenus in lib. 46, ad S. C. Trebellianum).

Sous l'empereur Maximien, vers la fin du IIIe siècle, Carausius était amiral de la flotte britannique : « Nul ne connaissait mieux que lui, « dit Amédée Thierry, tous les recoins des mers « qui baignent l'ouest de la Gaule et la Bretagne... « Oisif sur mer, il accourut offrir ses services à « Maximien contre les Bagaudes. Un peu plus « tard, chargé de réprimer les Francs et les « Saxons, on sait comment il se conduisit en « brigant, fit alliance avec les Pirates, enleva la « flotte *qui, autrefois, défendait la Gaule* et la « conduisit en Bretagne, où il se fit proclamer « empereur : « *Abductâ a piratâ classe quæ olim*

« *Gallias tuebatur* » (Eumen. panegiric. Constantii. V. Amédée Thierry, *Histoire de la Gaule,* liv. VI, ch. xii).

Ainsi l'histoire montre une flotte, qu'elle nomme britannique ou germanique, en permanence dans l'Océan atlantique. Pourquoi le maintien de ces forces maritimes sur les côtes de la Gaule et de la Bretagne ? C'est, sans doute, que Rome savait par expérience le danger incessant dont elles étaient menacées du côté des Barbares du Nord.

Mais les pirates Germains étaient habiles à tromper la vigilance de la flotte romaine. Il faut que, avec le temps, attirés par les richesses de la Gaule, ils se soient enhardis dans leurs incursions, à tel point que, pour les réprimer, les empereurs durent confier à Carausius des forces assez considérables pour permettre à ce capitaine de se faire reconnaître empereur. Et ni Dioclétien ni Maximien ne purent s'opposer à ce qu'il se déclarât leur collègue. Il existe une médaille frappée au nom de Carausius ; à l'exergue, on lit : *Tribus Impp.*

X.

Il n'est pas aisé de dire à quelle branche du rameau germano-scandinave doit être attribuée cette descente de pirates qui ruina la ville d'Évreux sous l'empereur Adrien. Nous savons au moins qu'ils étaient ou des Suions, ou des Norwégiens, ou des Saxons, tous sectateurs de la religion d'Odin.

« On trouve dans l'Océan, dit Tacite, les
« Suions puissants par leurs flottes, outre leurs
« soldats et leurs armes. Leurs navires ont une
« double proue, qui leur permet d'aborder par
« les deux bouts ; ils ne manœuvrent pas au
« moyen de voiles et n'ont pas de rames attachées
« aux flancs du navire ; mais comme, *sur certains*
« *fleuves,* ils se servent de rames mobiles qu'ils
« placent ici ou là suivant besoin » : *Suionum hinc civitates, ipso in Oceano, præter viros armaque classibus valent : forma navium eo differt quod utrinque prora paratam semper appulsi frontem agit ; nec velis ministrant, nec remos in ordinem lateribus adjungunt. Solutum, ut in quibusdam fluminum, et mutabile, ut res poscit, hinc vel illinc remigium* (De Morib. German., 44).

Sur ce texte de l'historien Tacite, Amédée Thierry fait cette réflexion que « ces barques à
« rames libres et à double proue pouvaient
« prendre terre en tous sens et bravaient par
« leur légèreté une mer remplie d'ilots et de bas-
« fonds. On voyait poindre déjà dans ces parages
« la puissance des pirates du Nord » (*Hist. de la Gaule,* liv. II, ch. 1).

Mais sur quels fleuves naviguaient ces Suions ? Quels rivages fréquentaient les pirates Germains ? Était-ce seulement le littoral de la Baltique ? —

« Le peu de renseignements que l'on rencontre
« dans le IV*e* livre d'Hérodote, dans l'*Histoire*
« *naturelle* de Pline et dans la *Germanie* de Ta-
« cite, relativement aux pays scandinaves, permet
« d'assurer, dit l'auteur d'une histoire de la
« Scandinavie, que les anciens n'en avaient
« presque aucune connaissance » : *Quæ trans
Albim ad Oceanum sunt, nobis prorsus ignota,*
avait dit Strabon (Strabon, *Géogr.*, lib. VII). Pline
et Tacite ne pouvaient donc avoir en vue que
les fleuves et les rivages de la Gaule et les îles
britanniques dans ce qu'ils disent des Suions et
des autres pirates Germains.

Le texte de Pline que nous avons cité, parlant
de pirogues faites d'un seul tronc d'arbre, semble
plutôt se rapporter aux Norwégiens, dont les
hautes montagnes ont, de tout temps, produit des
arbres d'une énorme grosseur.

Adam de Brème, excellent historien qui vivait
au milieu du XI*e* siècle, parle ainsi de la Norwège :
« La Norwège est, à cause de l'aspérité de ses
« montagnes et de la rigueur du froid, la plus
« stérile des contrées du Nord ; elle ne peut
« nourrir que des troupeaux..... Aussi est-ce pour
« cela que, pressés par le besoin, les Norwégiens
« parcouraient le monde entier, et, par leurs
« pirateries, rapportaient chez eux une grande
« abondance de biens de la terre ; subvenant
« ainsi à leur pénurie. Maintenant, à l'école du
« Christianisme, ils ont appris à aimer la vérité

« et la paix, et à vivre contents de leur pauvreté »
(*Descript. in insulam Aquilonis*).

Les Saxons commencèrent à être remarqués
chez les auteurs latins, surtout quand ils se furent
concertés avec les Francs, en 286, pour aller, avec
toutes leurs forces maritimes, ravager les côtes
occidentales de la Gaule. Nous avons dit que ce
fut Carausius que l'empereur Maximien chargea de
les réprimer. Le César Constance Chlore, dix ou
douze ans plus tard, mit fin à leur piraterie, que le
Rhéteur Euménius peint comme paraissant mena-
cer toutes les Provinces, et pouvant s'étendre et
porter ses ravages par tous les pays que baignent
l'Océan et la Méditerranée : *Bellum quod eunetis
impendere provinciis videbatur, tamque late vagari
et flagrare poterat quam late omnis Oceanus et
Mediterranei sinus adluunt* (Panegic., Constantii Cæsar).

Les Saxons ont assez montré combien ils étaient
entreprenants, actifs et guerriers, habitant aussi
des terres stériles, au milieu de bois et de marais,
il ne serait pas étonnant que, longtemps avant
l'an 286, ils auraient essayé leurs forces sur les
rivages de la Gaule ; sachant, selon le mot de
Tacite, que les Gaulois de cette époque étaient
riches et peu capables de faire la guerre : *Dites et
imbelles.*

Qui peut dire combien de fois les barques légères des pirates Suions, ou Norwégiens ou Saxons
réussirent à passer malgré la station Romaine,

remontèrent les fleuves, tombèrent sur les villes et les châteaux, et portèrent au loin sur nos rivages le carnage et la ruine ? Il est impossible que les Saxons du IIIe siècle en fussent à leur premier coup d'essai. Les Barbares n'ont point écrit leur histoire : Les auteurs latins n'ont enregistré qu'un bien petit nombre de ces faits qui intéressaient si vivement nos contrées. Personne n'a dit, par exemple, à quelle époque précise et par qui furent détruits Bayeux, Lisieux, Vieux. De même, on aurait toujours ignoré les deux descentes Scandinaves, dont la dernière ruina de fond en comble le *Mediolanum Eburovicum*, si celle-ci n'avait coïncidé avec la mort de saint Taurin, et si l'auteur de ses actes n'avait recueilli ces souvenirs pour nous les transmettre.

Mais assurément c'est ce qu'un faussaire du septième ou huitième siècle n'aurait jamais inventé.

Nous sommes arrivés au terme de notre travail : avons-nous prouvé que les actes de saint Taurin, reproduits en abrégé par Ordéric Vidal, sont exempts de tous les anachronismes et de toutes les autres taches que la critique reproche à juste titre aux actes publiés par les Bollandistes ? Pouvons-nous affirmer que nous avons dans l'abrégé d'Ordéric un document précieux qui permet d'assurer que saint Taurin est venu dans la Gaule, au premier siècle, à la suite de saint Denys l'Ionien, premier évêque de Paris, envoyé par saint Clément ? Enfin, pouvons-nous ajouter que même les actes corrompus, publiés par les Bollandistes, contiennent des détails fort intéressants sur la situation de notre contrée au IIe siècle, qu'on ne trouve nulle part ailleurs, et qui ne peuvent avoir été inventés par un faussaire ?

C'est au lecteur d'apprécier.

APPENDICE

---

*Extrait de l'Histoire ecclésiastique de la Normandie ,
par Ordéric Vital,* IIe part., liv. V.

Prisca gentilitas, obiter martyrizato prædicatore, Rotomagum diu possedit, et innumeris idolorum spurcitiis usque
ad sanctum Mellonem archiepiscopum replevit.

Eo tempore fides Christi Evanticorum : id est Ebroas
urbem super Ittonam fluvium sitam possidebat et salubriter
illuminabat. Nam illuc beatus Taurinus a Dionysio Machario
directus fuerat, et a Deo confortatus multa miracula fecerat.
Deus enim cum eo semper erat, et opera ejus gloriose dirigebat; pro quo dura et aspera hujus sœculi æquanimiter
perferre elegerat. Romanum Tarquinium patrem suum, Euticiamque matrem piissimam , Christi cultricem , cum aliis
amicis et cognatis Romæ reliquerat ; et jussu Clementis papæ
cum Dionysio Jonico Gallias tenellus exul penetrarat. Gras-
sente nimium secunda persecutione , quæ sub Domitiano in
Christianos furuit, prædictus Dionysius Parisiensis episcopus
Taurinum filiolum suum jam quadragenarium, præsulem ordinavit; et (vaticinatis pluribus quæ passurus erat) Ebroicensibus in nomine Domini direxit. Viro Dei ad portas civitatis
appropinquanti, dæmon in tribus figmentis se opposuit;
scilicet in specie ursi et leonis et bubali, terrere athletam
Christi voluit. Sed ille fortiter ut inexpugnabilis murus in
fide perstitit, et cæptum iter peregit, hospitiumque in domo
Lucii suscepit. Tertiâ die, dum Taurinus ibidem populo præ-
dicaret, et dulcedo fidei novis auditoribus multùm placeret,
dolens diabolus Eufrasiam Lucii filiam vexare cæpit et in

ignem dejecit. Quæ statim mortua est ; sed paulo post orante Taurino ac jubente ut resurgeret, in nomine Domini ressuscitata est. Nullum in eâ signum adustionis apparuit. Omnes igitur hoc miraculum videntes subito territi sunt, et obstupescentes, in Jesum Christum crediderunt. In illa die CXX homines baptizati sunt, octo cæci illuminati et quatuor muti sanati, aliique plures ex diversis infirmitatibus in nomine Domini sunt curati.

Deinde Taurinus fanum Dianæ intravit, Zabulumque coram populo visibilem astare in virtute Dei coegit, quo viso Ethnica plebs valde timuit. Nam manifeste apparuit eis Ethiops niger ut fuligo, barbam habens prolixam, et scintillas igneas ex ore mittens. Deinde angelus Domini splendidus ut sol advenit, cunctisque cernentibus, ligatis a dorso manibus dæmonem abduxit. In illa igitur die duo millia virorum baptizati sunt. Hæc Deodatus Eufrasiæ frater vidit et credidit, et baptizatus, presbyterque factus, hæc veraciter scripto retulit. Tunc Taurinus fœdum Dianæ fanum intravit, exorcismis et orationibus emundavit, Deoque templum in honore sanctæ Dei genitricis Mariæ dedicavit. Deinde cæpit circumquaque idola destruere et ecclesias Christo consecrare, omnem diœcesim circumire, canonice ordinare, hospitalitatem in omnibus constituere.

Invidus Satan tot bona videns doluit, variisque machinationibus virum Dei lædere sategit, et multos in illum adversarios excitavit. Duo magi : Cambisses et Zaraa sacerdotes Dianæ fuerunt, visâque conversione populi ad Deum, ingemuerunt, et XX discipulos suos, ut Taurinum perimerent, concitaverunt. Qui venientes, a viro Dei a longe visi et cogniti sunt; ipsoque crucis signum contra illos faciente, illico fixi steterunt. Illo iterùm jubente soluti sunt, et provoluti pedibus ejus crediderunt, et in nomine sanctæ et individuæ Trinitatis baptizali sunt. Magi autem, ut sua figmenta nihil in militem Christi valere compererunt, propriis se cultris interemerunt.

Interea Licinius consul famam beati pontificis audivit ipsumque sibi Gisaico villa præsentari fecit. Qui, cum traheretur, obvium habuit unum paralyticum, sororemque ejus cæcam, surdam et mutam. Protinus ille aquam benedixit, ægros perfudit et mox sanitati restituit. Carnifices hoc viderunt et in Dominum statim crediderunt. Dum præsul et consul de idololatriâ et theusebiâ procaciter altercarentur, et præsul jussu consulis irrationabiliter furentis nudus virgis cæderetur. Deum fideliter deprecatus est, et mox voce de cœlo ad eum missâ confortatus est. Manus quoque carnificum statim aruerunt. Licinius vero Leonillam uxorem suam, qnia loquebatur pro viro Dei, ira succensus jussit cruciari.

Dum hæc agerentur, nuntius venit, dicens filium ejus in venatione circa castellum Alerci præcipitio mortuum cum armigero suo. Licinius ergo cum omni exercitu suo nimis contristatus est, et virum Dei, quem cruciare cæperat, nutu Dei rogare coactus est. Taurinus autem, postquam in ecclesia Santæ Mariæ prostratus oravit, cum populo ad corpora defunctorum perrexit. Ibi devotè Deo supplicavit, finitisque precibus manum Marini juvenis consobrini sui apprehendit, eumque in nomine Domini a morte ressuscitavit. Quod Licinius et uxor ejus et omnes optimates ejus videntes gavisi sunt, et procidentes ad præsulis pedes, sacrum sibi baptisma dari petierunt. Baptizati sunt itaque in illa die mille ducenti viri.

Deinde Marino poscenti pro armigero suo Taurinus adquievit, ad corpus accessit, Deum invocavit, Paschasium inclamavit et in virtute Dei vitæ restauravit. Ambo sibi superstites vivis retulerunt quæ defuncti apud inferos viderunt. Paschasius Marino prædixit quod in die quo albas deponeret moreretur; quod ita factum est. Nam Marinus levi febre correptus est, et octava die baptismatis mortuus est.

His aliisque multis miraculis Taurinus, Ebroarum primus pontifex, claruit, et multa millia hominum ad cognitionem veritatis et justitiæ perduxit. Denique, dum Sixtus papa in sede apostolicâ resideret, et Elius Hadrianus rempublicam gubernaret, plenus dierum et virtutum, Taurinus III° idus augusti de cœlo vocatus est, et ecclesia populo astante densâ odoriferâque nebulâ repleta est. Transacto unius horæ spatio nebula recessit, et pontifex in cathedra sedens, et quasi orans manibus extensis, oculisque ad cœlum versis apparuit. Ingens luctus parochianorum casu pastoris factus est, jussuque angeli (qui populo in specie viri honorabilis apparuerat) extra urbem quasi ad tertiam partem milliarii ad occidentem vir Dei sepultus est. Locus ille diu postmodum sine honore habitus est. Sed nunc ibi gratiâ. Dei electus grex monachorum in militiâ salubri constitutus est. In sepelitione venerabilis episcopi res accidit inusitata. Dum in mausoleo præsul ex more poneretur, populusque nimis fleret, ille quasi vivus de fossa erigens se, ait : Filioli mei, quid hoc facitis ? Nolite timere. Justum virum audite. Et inclinato capite siluit.

Sepulto itaque servo Christi, dixit ad populum angelus Dei : Recedite velociter, ne involvamini ab hostibus. Nunc civitas ista subvertetur, sed nullus vestrùm periclitabitur. Per multa tempora incognitus erit locus iste. His dictis nusquam comparuit, et completa sut omnia ut prædixit. Nam sepulcrum sancti antistitis et anniversarium transitus ejus diu homines latuerunt, sed revelante Deo postmodum gloriosé patuerunt. Signa quoque nonnulla per eum apud Ebroas adhuc quotidie fiunt. Dæmon enim, quem de Dianæ fano expulit, adhuc in eadem urbe degit, et in variis frequenter formis apparens, neminem lædit. Hunc vulgus Gobelinum appellat, et per merita sancti Taurini ab humana læsione coercitum usque hodie affirmat. Et qui jussis sancti antistitis sua frangendo simulacra obsecundavit, in barathrum non statim mersus fuit; sed in loco ubi regnaverat pœnas luit, videns salvari homines, quibus jamdudum ad detrimentum multimodé insultavit.

Fertur aliud a incolis, et est verum, quod in Ebroicensi urbe animal vivere nequit venenatum. Nam pinguis humus imbuta fluentis Ittonæ fluminis colubros et serpentes pariebat, et hujusmodi animantibus Ebroica civitas nimis abundabat. Civibus autem pro tali peste conquerentibus, deprecatus est dominum beatus Taurinus, ut urbem ab hoc incommodo liberaret, nec ulterius venenatum reptile intra mænia urbis vivere sineret. Oravit et exauditus est. Si casu coluber seu bufo in fasciculo herbæ defertur, statim dum intra muros urbis venerit, moritur.

Post longum tempus religio Christiana crevit, et clerus Ebroicensis cum fidelibus indigenis primi præsulis sui Taurini polyandrum quæsivit, Deoque monstrante invenit. Deinde reverenter de terrâ levatum est, et post aliquod tempus a fidelibus Fiscannum translatum est. Ibi venerabile cænobium monachorum, ad deitatis cultum jugiter agendum, constructum est, ibique in capsâ preciosâ sancti viri corpus veneranter aptatum est.

Elio Hadriano et Antonio Pio imperantibus, rabie hostili novella christianitas in Gallia vehementer attrita est, et sancta mater Ecclesia per annos fere CLX admodum humiliata est. Nulla nobis historia manifeste prodit quæ gens illa fuerit, vel unde venerit, sive sub quo principe vel tyranno sævierit, quæ intolerabiliter Christianos et idololatras oppresserit. In plurimis tamen gestis Sanctorum illius temporis liquidò patescit quod sub prædictis principibus quidam crudelis et barbarus exercitus regnum Galliæ nimis attriverit. Eo tempore nullus rex in Galliâ erat, sed imperator Romanorum a Caio Julio Cæsare Cis Alpinis omnibus imperabat, et præsides aliasque potestates singulis urbibus ad libitum suum dirigebat.

Silentium de Deo magnum fuit in Neustriâ post obitum sancti præsulis Taurini, usque ad tempora Diocletiani et Maxiamini; a quibus facta est decima clades furoris diabolici, quæ gravius ac diuturnius aliis sæviit in Ecclesiam Christi.

www.ingramcontent.com/pod-product-compliance
Ingram Content Group UK Ltd.
Pitfield, Milton Keynes, MK11 3LW, UK
UKHW022112170726
13837UKWH00003B/1176